서쪽 바다의 작은 섬 이야기

주문도·볼음도·아차도·말도

역사의 길
04

주문도 · 볼음도 · 아차도 · 말도

서쪽 바다의 작은 섬 이야기

우석훈 · 홍인희 · 안홍민

글누림

이 책은 역사의 길 총서 제1권 『교동도』, 제2권 『석모도』에 이은 강화도 부속섬에 관한 마지막 이야기이다. 처음 강화군 서도면에 관한 책을 낸다고 했을 때 어떤 내용으로 채워야 할지 고민이 많았다. 강화군에 속해 있으면서도 강화 같지 않은 서도면 섬들을 어떻게 하면 좀 더 많은 사람들에게 알릴 수 있을까. 이런 생각에서부터 출발한 것 같다.

강화군 서도면에는 주문도와 볼음도, 아차도, 말도를 비롯한 9개의 무인도가 포함되어 있다. 주문도, 볼음도에 비해 아차도, 말도는 정말 섬 중에서도 작은 섬이다. 아차도, 말도는 소수의 주민들이 옹기종기 모여 살고 있는 바다 가운데 작은 마을 같다. 특히나 말도는 정기 항로가 없어 강화군의 행정선에 의지해 들고 나는 곳이라 그런지 더욱 고립된 곳으로 느껴졌다. 아차도, 말도에 있다가 주문도, 볼음도로 넘어가면 세상에 이렇게 큰 섬이 없다. 도로도 잘 닦여 있고, 드넓은 밭과 논을 보면 끝이 없다. 다시 주문도, 볼음도에서 머물다 외포리 선착장이나 선수선착장에 도착하면 강화도는 마치 대도시 같은 느낌이다. 육지와 연결되어 있어서 일까.

비행기, 고속 열차 등 빠른 교통수단과 효율적인 시간 관리가 몸에 밴 현대생활 속에서 섬 여행이란 느린 삼보해운 여객선처럼 우리의 시간도 느리게 가게 해주는 듯 착각이 들게 한다. 그곳에서는 바쁜 일이란 것이 없다. 삼보해운 여객선이 하루 2번 들어오고 2번 나가는 시간에 맞춰 섬의 시계도 돌아갈 뿐이다.

주문도, 볼음도, 아차도, 말도에서 만난 주민들께 필자를 대표해서 감사의 인사를 드린다. 이 책을 낼 수 있었던 것은 서도면에 살고 있으면서 그곳을 지키고 계신 분들 덕분이다. 서도면 조사를 위해 방문한 낯선 외지인을 반가워 해주시고 섬에 대한 이야기도 서슴없이 해주셨으며, 아차도에서는 융숭한 식사 대접도 받았다. 점심을 차려주실 때는 이런 대접을 받아도 되나 얼떨떨하기도 했다.

결국 중요한 것은 사람이다. 서도면에서 지금도 섬의 논과 밭을 일구며 계시는 한 분 한 분이 이 책의 주인공이다. 필자가 한 것이 있다면 그분들을 만나고 그분들의 이야기를 들은 것뿐이다. 모쪼록 이 책이 그분들께 누가 되지 않았으면 하고, 이 책으로 인해 한 명이라도 서도면에 관심을 갖게 되길 바란다.

필자를 대표해서 홍인희 씀

'서쪽에 있는 섬'이란 뜻의 서도면은 강화군에서 가장 규모가 작은 면이다.
황금 어장을 코앞에 두고도 대다수가 농사를 지으며 살아가는 서도면 주민들이
다시 바다로 나갈 수 있는 것은 언제가 될까?

제1장

가깝고도 먼
서쪽 섬 이야기

우석훈

1. 서도면(西島面)의 역사와 문화

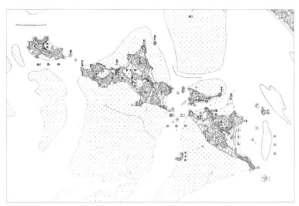

▲ 근세 한국 5만분의 1 지형도(1918년, 조선총독부) 속 서도면 편집본.
오른쪽부터 주문도, 아차도, 볼음도, 말도

  '서쪽에 있는 섬'이란 뜻의 서도면은 강화군에서 가장 규모
가 작은 면이다. 본래 교동군에 속하였으나 1895년 전국적인 행정구
역 개편이 이루어지면서 강화군에 편입되었다. 이듬해 7월 교동군이
복구되면서 서도면은 다시 교동에 속하였으나, 1914년 4월 1일 조선
총독부가 전국을 13도로 나누고 지방 행정구역을 12부 220군으로 개
편할 때 다시 강화군에 편입되었다.[01] 이후 1995년 강화군이 인천광
역시로 편입되면서 현재에 이르고 있다.

▲ 총독부기록물,
「강화군 외 2군면 폐합에 관한 건」(1914),
국가기록원

강화군(江華郡)

본 군은 현재 18개면, 14개의 섬에 대하여 군 폐합의 결과 본 군에서 처리할 교동군(喬桐郡) 송가면(松家面)을 더한 19개면, 14개의 섬을 14개 면으로 한다고 되어있는데, 이 가운데 부내면(附內面) 및 길상면(吉祥面)의 일부를 분할해서 다른 면으로 옮기는 것은 토지조사의 결과 지형정리의 필요에 따른 것으로 적당한 조치라고 인정된다. (중략) 또한 북도면(北島面) 및 서도면(西島面)은 면적, 호수가 매우 근소하지만 해당 면은 모두 도서로 이루어져 있는 것으로서 원근의 관계상 이 이상 병합할 여지가 없고 사정이 어쩔 수 없는 것으로 인정된다.

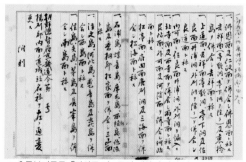

▲ 총독부기록물, 「강화군 외 2군면 폐합에 관한 건」(1914) 부칙,
국가기록원

부칙(附則)

하나. 주문도(注文島), 아차도(阿此島), 볼음도(乶音島) 및 말도(唜島)를 병합하고 서도면(西島面)이라 칭한다.

과거 서도면은 꽃게, 새우 등이 풍부해 어업의 전초기지로 호황을 누려왔다. 특히, 아차도는 서도의 '돈광'이라 불릴 정도로 번성하였다. 그 때문일까? 1914년 강화군에 부속되면서 아차도에 서도면사무소를 설치하기도 하였다. 1936년 주문도로 면사무소를 이전하기 전까지 아차도는 서도면의 중심이었다.[02] 이후 1943년에는 행정상의 편의를 위해 볼음도에 출장소를 설치하였고,[03] 1981년 현 위치인 주문도 1길 16으로 서도면사무소를 신축·이전하였다.

▲ 강화군 서도면 서도면사무소

남북이 분단되고 1953년 북방한계선(NLL; Northern Limit Line)이 설정되면서 서도면의 어업이 위축되기 시작한다. 결정적으로 어로저지선이 설정되면서,[04] 주민들의 대부분은 황금 어장을 눈앞에 두고도 농사를 지으며 살아가고 있다. 선박을 가지고 있는 몇몇 가구를 제외하면 어업 활동이라고 해봐야 대부분 갯벌에서 백합, 소라, 굴 등을 캐는 정도이다.

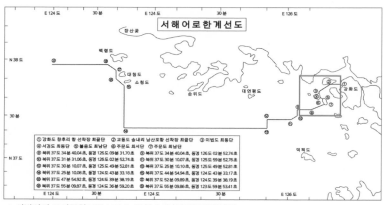

▲ 선박안전 조업규칙(해양수산부), 부록 2 〈서해어로한계선도〉

분단이라는 시대적 상황은 주민들의 이주를 불러왔다. 1914년 서
도면의 인구는 2,834명이었으나, 현재 650여 명만이 살아가고 있을
뿐이다. 섬을 떠나는 사람은 많은데, 외부로부터 인구 유입은 거의
이루어지지 않아 점차 인구가 감소하고 있다. 650여 명의 인구 중에
서 65세 이상의 고령자는 약 300여 명으로 전체 인구의 절반 가까이
차지하고 있다.

주민들의 유일한 교통수단

모든 여행은 시작과 끝이 있다. 강화 외포리선착장은 서
도면으로 떠나는 여행의 시작점이다.[05] 하루에 단 두 번[06] 외포리에
서 볼음도와 아차도를 경유하여 주문도를 왕복하는 삼보해운 소속
의 차도선(車渡船)은 서도면으로 들어가는 유일한 교통수단이다. 종

착지인 주문도까지 총 18마일(29km) 거리를 13노트(24km/h)의 속도로 운행하는데, 대략 1시간 40분이 소요된다. 이전에는 어떻게 서도면으로 들어갔을까? 문득 서도면 교통의 역사가 궁금해진다. "강화 일은 강화사람이 해야 한다"는 신념 아래 '삼신상회(森信商會)'를 설립한 강화유지 유진식(兪鎭植)은 1917년 강화 월곶항을 기점으로 교동, 삼산, 서도를 왕복하는 운수업을 시작하였다.[07] 1927년 공청자본금 24만원의 회사로 성장하여 삼신기선주식회사(森信汽船株式會社)를 출범하였을 뿐만 아니라 1931년 인천 항정(港町) 1정목(町目) 5번지 해주잔교(海州棧橋)에 인천지점을 내기도 하였다.[08] 그러나 체신국의 보조항로로 조그만 발동선이 투입되어 운영되던 강화~서도 간의 항로는 많은 불편함이 있었다. 1937년 6월 19일 총 톤수 40톤(7마력)에 승객 50명을 수용할 수 있는 수원환(水原丸)이 투입되면서 사정이 좀 나아졌으나 불편하긴 마찬가지였다.[09] 1944년 매일신보 기사에 따르면 삼신운수주식회사와 함께 강화항운조합(江華航運組合)에서도 서도항로를 운항하였음을 확인할 수 있지만[10] 정확히 언제 운항

▲ 삼신기선부 정기출범표, 인천광역시립박물관 소장 (소화 15년(1940))

이 중지되었는지는 알 수 없다. 아마도 한국전쟁이 발발하면서 운항이 중단되었던 것으로 보인다. 1958년 서해기선공사 소속의 '구길호(혹은 국일호)'가 하인천발 주문·아차·볼음·삼산 하리·서검·교동 죽

사포 항로를 1일 1회(5시간 소요) 운항하였는데, 적은 운임과 여객 등의 악조건으로 적자에 시달리다가 70년대에 중단되었다. 이후 강화협동해운에서 강화남방항로[11]에 '서도호', '강화1호' 등을 투입하였고, 풍양인터내셔널(주)에서 강화북방항로[12]에 157톤급 차도선인 '풍양새천년호', '풍양새천년 3호' 등을 투입하였으나 잦은 운항 중단이나 부실경영, 긴 운항시간 등으로 주민들의 반발을 사 왔다. 2008년 7월에 외포~주문 항로에 삼보해운이 취항하면서 지금에 이르고 있다. 서도면을 방문하는 사람들에게 하루 두 번만 운행하는 현재의 배편은 너무 적다고 느껴질 수도 있다. 그러나 삼보해운이 취항하기 전에는 주문도까지 3시간이나 소요되었고, 하루에 단 한 번만 운항하였기 때문에 주민들의 불편함은 이루 말할 수 없었다. 만족의 기준이 상대적이기 때문일까? 주민들은 운항 횟수가 2배나 늘어나고 소요시간도 절반으로 줄어든 현 상황에 만족하며 살아가고 있다.

▽ 강화 외포리선착장

▲ 선수선착장에 들어오는 삼보12호. 뒤편은 석모도(席毛島)

　주문도에 거주하는 한 주민은 "예전에는 승객이 적거나 파도가 조금만 쳐도 배가 뜨지 않았지만, 지금은 운항시간도 잘 지키고 안개가 끼더라도 웬만하면 운항을 하려고 노력하기 때문에 혹여나 배가 뜨지 않더라도 전혀 불평하지 않는다. 이전 해운회사가 구멍가게라면 삼보해운은 마트 수준"이라며 현 상황에 만족을 표했다.

　배를 타려면 먼저 인적사항, 연락처 등이 포함된 승선신고서를 작성하고 표를 구입한다. 여객선에 승선하는 모든 승객은 반드시 국가가 발행한 신분증을 지참하여야 승선할 수 있으므로 신분증을 반드시 챙겨가야 한다. 삼보해운이 운행하는 '삼보 12호'는 총 톤수 393톤, 승객정원 385명, 경차 기준 최대 45대를 적재할 수 있는 큰 배이다. 1층에는 차량이나 화물을 싣고 2층에 객실이 있다. 객실로 올라가면 뜨끈한 좌식(坐式) 바닥이 이른 아침 배 시간을 맞추기 위해 서둘렀던 몸의 피로를 잠시나마 풀어준다. 승객의 대부분은 서도면의 주민이거나 부대에 복귀하는 군인들이지만, 간혹 주문도와 볼음도에 있는 강화 나들길을 찾아가는 관광객들을 만날 수 있다. 객실에만 머무르는 것이 답답하다면 밖으로 나가 보자. 사람들이 주는 새우깡을 먹기 위해 배를 쫓아오는 갈매기 떼와 탁 트인 바다를 감상하다 보면 어느덧 목적지에 다다르게 된다.

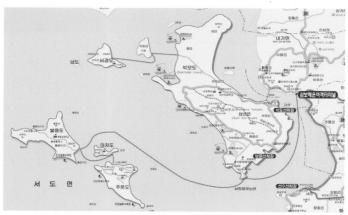

▲ 삼보해운 서도면 항로도

2. 해당화 피고 지는 섬, 주문도(注文島)

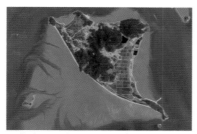

▲ 출처 : 구글어스

▲ 근세 한국 5만분의 1 지형도 속 주문도(1918년) 편집본

처음으로 소개할 섬은 서도면의 주도인 주문도(注文島)이다. 동경 126° 15′, 북위 37° 38′에 위치한 주문도는 면적 4.6㎢, 해안선 길이 12km의 작은 섬으로 서도면사무소 소재지이다. 행정구역상 주문1리와 주문2리로 나뉘는 주문도의 면적은 볼음도보다 조금 작지만 서도면 전체 인구의 절반 이상이 살아가고 있다. 2019년 강화군 기본통계에 따르면 주문도에는 182세대 371명이 거주하고 있다.[13]

▲ 주문도 대합실

▲ 향토수호전적비

주문도 선착장에 내리면 조그마한 대합실이 방문객들을 맞이한다. 서도면사무소가 자리하고 있을 뿐만 아니라 가장 많은 관광객이 찾는 섬인 만큼 좋은 시설을 갖추고 있다. 대합실 바깥쪽에는 나들길을 둘러보기 위해 주문도를 방문하는 사람들이 볼 수 있도록 안내도가 세워져 있다. 대합실 오른편으로 커다란 비석이 서 있는데 주문도 향토수호전적비이다. 한국전쟁 당시 자체적으로 치안대를 조직하여, 1950년 9월 24일 새벽 주문도에 상륙하려는 북한 내무소원 5명을 체포하고 주변 도서 지역의 치안 유지에 큰 역할을 한 주문도 청년들의 애국심을 기리고자 세워졌다. 경찰들이 후퇴하며 숨겨 놓았던 소총 3정과 35발의 총알이 그들이 가진 무기의 전부였다. 변변찮은 군사교육도 받지 못했으나 가족과 친지, 더 나아가 자신들의 손으로 조국을 지키겠다는 주문도 청년들의 희생정신이 느껴진다. 그래서 사람들이 가장 많이 왕래하는 선착장 바로 앞에 비석을 세워 기리고 있다.

잘 포장된 도로를 따라가다 보면 멀리 서도파출소가 보이고 그 오른쪽 언덕 위로 서도면사무소가 자리 잡고 있다. 서도면사무소 정면에 세워진 주민대피시설 앞으로 비석 2개가 나란히 서 있는데 행절제사 현공 득유 영세불망비(行節制使玄公得柔永世不忘碑)와 유학 박용태 영세불망비(幼學朴容泰永世不忘碑)가 그것이다.

▲ 행절제사 현공 득유 영세불망비(우), 유학 박용태 영세불망비(좌)

　　영세불망비는 한자 그대로 '영원토록 잊지 않기 위해 글을 새겨 넣은 비석'을 말한다. 선정(善政)을 베푼 지방 수령을 기렸다는 뜻으로 선정비(善政碑)라 부르기도 하였으며, 공덕을 칭송한다는 뜻의 송덕비(頌德碑)라 부르기도 한다. 현득유는 주문진 수군첨절제사(注文鎭水軍僉節制使)를 지내기도 하였다.[14] 수군첨절제사는 조선시대 각 도의 수군에 두었던 종3품의 외관직을 말한다. 조선 후기 주문도에는 수군진인 주문진이 설치되었는데, 서도중앙교회 아래에 있는 (구)서도초등학교 자리가 바로 주문진이 세워진 자리였다. 원래 정문 왼편에 세워져 있던 비석을 서도면사무소 앞으로 옮겨 왔다. 뒷면에 "咸豊八年十二月"이라 적혀있어 1858년(철종 9)에 세워졌음을 알 수 있다. 유학(幼學)이란 벼슬을 하지 않은 유생(儒生)을 말한다. '유학 박용태'라는 것에서 벼슬을 지내지 않은 선비였음을 알 수 있다. 비석에 '己夫旱災博施濟貧'이라 적혀있는 것으로 미루어보아 가뭄이 닥쳤을 때 백성을 구휼한 것을 기리기 위해 세운 것으로 보인다. 이 비석 역시 다른 곳에 있던 것을 면사무소 앞으로 옮겨놓은 것으로, 뒷면에 "大正九年庚申五月立"이라 적혀있어 1920년에 세워졌음을 알 수 있다.

외적의 침입을 알려준 봉수(烽燧)

서도면사무소 뒤쪽으로 정상부에 송신탑이 세워진 산이 보이는데, 바로 봉수가 있었다고 전해지는 봉구산(烽丘山)이다. 주문도의 최고봉인 봉구산은 해발 147m로 섬의 중앙부에 자리하고 있다. 봉수란 무엇일까? '봉(烽)'은 횃불을, '수(燧)'는 연기를 뜻하는 것으로 횃불이나 연기를 이용하여 변경(邊境)의 긴급한 상황을 중앙에 전하던 군사용 통신수단이었다. 낮에는 불이 잘 안보이기 때문에 연기로 신호를 보내고, 밤에는 불을 피워 연락을 취했다. 봉수제도가 언제부터 시행되었는지는 정확히 알 수 없다. 중국판 '양치기 소년' 이야기인 유왕(幽王)과 포사(褒姒)의 고사(故事)를 살펴보자.

서주(西周) 시기의 마지막 왕인 유왕은 도무지 웃을 줄 모르던 포사를 웃게하기 위해 온갖 노력을 다하였으나 포사를 웃게 할 수 없었다. 그러던 어느 날 실수로 올라간 봉화에 제후들이 모여든 것을 본 포사가 크게 웃자, 유왕은 다시 포사를 웃게 하려고 거짓 봉화를 수시로 올려 제후들의 신뢰를

잃게 된다. 기원전 771년, 견융(犬戎)이 쳐들어오자 제후들에게 도움을 청하기 위해 봉화를 올렸으나 제후들은 거짓 봉화인 줄 알고 왕을 구하러 오지 않았고, 결국 왕은 살해되었다.

위의 고사를 통해서 중국에서는 기원전 8세기 경부터 봉수제가 시행되었음을 짐작할 수 있다. 우리나라에 봉수제가 정확히 언제 도입되었는지는 알 수 없다.『삼국사기』에 '한씨(韓氏) 미녀가 봉화를 올려 고구려 안장왕을 맞이했다'는 기록[15]을 통해서 늦어도 삼국시대에는 봉수가 도입되었음을 유추해볼 수 있다. 다만, 삼국시대의 봉수에 관한 제도나 운영방식을 확인할 만한 기록은 남아 있지 않기 때문에 원시적 형태로 활용되었다고 추정할 뿐이다.

제도로서 봉수제가 정착된 것은 고려시대 이후로 보인다. 1123년(인종 원년) 송의 사신으로 개경에 1개월간 머무르다가 돌아간 서긍은『선화봉사고려도경』이라는 일종의 출장보고서를 작성하였다. 여기에는 당시 개경의 모습과 고려의 풍습, 생활모습 등이 기록되어 있어 고려시대 생활을 이해하는데 중요한 자료로 평가되는데, 여기에서 고려 봉수에 관한 기록을 확인 할 수 있다.

(중략) 중국 사신의 배가 이를 때마다 밤에는 산 정상[山顚]에서 봉화를 밝히면 여러 산들이 차례로 서로 호응하여 왕성까지 이르는데, 이것이 이 산에서부터 시작된다.[16]

서긍이 탄 배가 흑산도에 이르렀을 때 산마루의 봉화를 밝히자 여러 산의 봉화들이 서로 호응하여 왕성인 개경까지 전달하였다는 내용에서 수도로 집결하는 봉수망이 있었음을 알 수 있다. 제도로서의 고려 봉수제는 1149년(의종 3) 서북면병마사 조진약의 건의로 성립된다.

> 서북면병마사(西北面兵馬使) 조진약(曹晉若)이 아뢰기를, "봉수[烽燧]의 방식을 정하였는데, 평시(平時)에는 밤에 불, 낮에 연기(烟氣)를 각기 하나씩, 2급(急)이면 둘, 3급이면 셋, 4급이면 넷으로 하며, 매 장소마다 방정(防丁) 2인, 백정(白丁) 20인으로 하되 각기 예(例)에 따라 평전(平田) 1결(結)을 지급하십시오."라고 하였다.[17]

밤에는 불을 피우고 낮에는 연기를 이용하는 야화주연(夜火晝烟)의 형태는 여느 시대 봉수의 모습과 같다. 다만, 상황에 따라 1~4개의 신호를 보내는 4거제였다는 점에서 세종대에 확립된 조선의 5거제와는 차이가 있었음을 알 수 있다. 조진약의 건의로 12세기에 성립된 고려 봉수제는 왜구(倭寇)의 극심한 약탈을 겪으면서 지속적으로 수정·보완되었다.

> 본국의 군관과 군인을 뽑아서 합포·가덕(加德)·동래(東萊)·울주(蔚州)·죽림(竹林)·거제(巨濟)·각산(角山)·내례량(內禮梁) 등에 보내어 요해처 입구와 길목 및 탐라(耽羅) 등에 나누어 배치하고 봉수를 설치하였으며, 배와 군사를 숨겨두

며 밤낮으로 망을 보고 순찰하는 것은 오로지 일본을 막고
대비하기 위한 것이며 … (중략)[18]

　왜구는 고려 말, 조선 초에 우리나라와 중국 연안을 약탈하던 일
본의 해적을 일컫는다. 1223년(고종 10) 처음 모습을 드러낸 왜구는
1392년(공양왕 4)까지 169년간 529회에 걸쳐 고려에 침입하였다. 왜구
는 경상도·전라도 해안지방과 강화·교동·개경 등 고려의 중심부는
물론 경기도·황해도·평안도·함경도·강원도 등 한반도 전역에 침입
하였다.[19] 고려의 뒤를 이어 성립된 조선은 고려의 봉수제를 그대로
이어받았고, 세종대에 이르러 이를 개정·정비하였다. 이때 정해진
봉수제도는 1894년 갑오개혁을 계기로 폐지될 때까지 조선 봉수제도
의 근간이 되었다. 평상시에는 1개를 올리고, 국경에 적이 나타나면 2
개, 적이 접근하면 3개, 국경을 침범하면 4개, 전투가 벌어지면 5개를
올리도록 했다. 해안지역의 경우 평상시에는 1개를 올리고, 적선이
나타나면 2개, 해안 가까이 접근하면 3개, 전투가 벌어지면 4개, 적이
상륙하면 5개를 올리도록 하였다.[20]
　봉수는 성격과 구조, 형태에 따라 종류가 다양한데 크게 경봉수
(京烽燧), 연변봉수(沿邊烽燧), 내지봉수(內地烽燧), 권설봉수(權設烽燧)
등으로 구분할 수 있다. 경봉수는 전국의 모든 봉수가 집결하는 중앙
봉수를 뜻하는데, 조선시대에는 한양의 목멱산(木覓山) 봉수에서 전
국 각지에서 오는 신호를 받았다. 연변봉수는 국경이나 해안가 및 도
서 지역에 설치된 최전방 변경봉수를 말하며, 내지봉수는 경봉수와

연변봉수를 연결하는 내륙지역의 봉수를 말한다. 마지막으로 권설봉수는 군사적으로 중요했던 지역의 영(營)·진(鎭)·보(堡)에서 자체적으로 설치하여 본영이나 본진으로만 연락하던 봉수를 말한다. 서도면 일대에 있는 봉수나 요망대는 바로 이 권설봉수에 해당한다. 조선 후기에 들어 왕실의 보장처인 강화도의 방어를 위해 인천 연안의 중요성이 부각되면서 도서 지역에 봉수를 설치하였다.

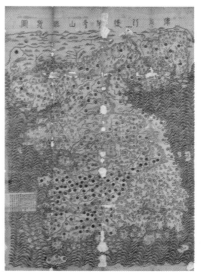

▲ 해동팔도봉화산악지도(海東八道烽火山岳地圖)
　　고려대 중앙도서관 소장(17세기 말, 보물 제1533호)

서해 바다를 통해 들어오는 선박을 관측하고 주변에 알리기 위해 설치한 것이다.

"강도(江都)의 망보는[瞭望] 곳은 두 곳이 있는데 장봉도(長峯島)는 삼남의 수로(水路)를 망보고, 주문도(注文島)는 서쪽 변방의 수로를 망보는 곳이어서 무사 가운데서 부지런한 자를 감관(監官)으로 임명해 밤낮으로 지켜 그 역(役)이 매우 고달픕니다.(중략)[21]

기록을 통해 봉구산 봉수는 해안의 제반 상황을 통어영에 보고하거나 위급상황을 다른 섬에 알려주는 역할을 수행한 것으로 보인다. 『증보문헌비고』에 따르면 강화도 외곽의 작은 섬인 말도·볼음도·장봉도 등 3개 섬을 포함하여 봉수를 9개소로 늘린 것이 주목된다. 이는 병인양요·신미양요 등 외세침략과 서세동점의 위기에 대처하였음을 보여주는 것으로 해석된다.[22]

주문도 주민들에게 봉구산 봉수에 대해 아는지 물어보았다. 구전으로 봉수가 있었다는 얘기는 들어 봤으나 지금은 철탑이 설치되어 흔적을 찾아볼 수 없다고 한다. 봉구산에 올라 봉수의 흔적을 찾아보기 위해 마을 어르신들에게 산에 올라갈 수 있는지 여쭈었더니 갑론을박 토론이 벌어졌다. 투닥투닥 다투는 모습이 정겹다. 직접 올라가 봤다는 할머니께서 길을 알려 주셨다. 대빈창해수욕장으로 넘어가는 언덕에 산 쪽으로 길이 나 있는데, 그 길이 간혹 정상에 설치된 철탑을 수리하기 위해 나오는 사람들이 올라가는 길이라는 것이다.

▲ 봉수가 설치되었던 것으로 추정되는 정상부

▲ 봉구산 정상에 어지럽게 널려 있는 돌무더기

산 자체는 높지 않아서 금방 올라갈 수 있었으나 아쉽게도 현재 봉구산 정상에는 지상공용기지국 철탑이 설치되어 봉수의 흔적을 전혀 찾아볼 수 없었다. 철탑이 들어서기 전에는 정상부에 불을 피울 때 쓰이는 연조(烟竈)로 추정되는 구덩이가 동서 10m 사이로 각각 1개씩 있었다고 한다.[23] 현재 정상부에는 무언가를 쌓았을 것으로 추정되는 돌무더기만 어지럽게 널려 있다. 지금은 나무가 우거져서 시야 확보가 어렵지만, 나무 사이사이로 살펴보니 주문도 주변 수역은 물론이고 먼바다까지 조망할 수 있었다. 따라서 이곳에 봉수를 설치하였다면 주변 지역을 관측하기에 적합했던 것은 분명해 보인다.

주문도의 목장(牧場)

봉구산을 내려와 서도중앙교회가 있는 주문1리로 가기 위해서는 배머리고개를 넘어야 한다. 배머리고개는 산허리를 넘어가는 높은 고개에서 유래되었는데, 옛날에 배가 넘어 다녔다고 하여 배 넘어고개라고도 부른다고 한다.[24] 고개를 넘으면 주문저수지가 나오는데, 1985년 준공된 이 저수지는 28만여 톤의 물을 저장할 수 있으며 약 20만 평의 농지에 물을 대준다. 주로 농사를 지으면서 살아가는 주문도 주민들의 생명줄인 셈이다. 조사보고서에 따르면 주문저수지가 있는 고개 능선 경사면에서 폭 60~80cm 내외의 석렬이 확인되는데, 주민들에 의하면 말 목장이 있었다고 한다.[25]

목장의 흔적을 찾아 숲으로 들어가 보았다. 낙엽에 가려져 있어 잘 보이지 않았으나 길에서 20여 m 떨어진 곳에서 그 흔적을 찾을 수 있었다. 폭 60~80cm 내외의 석렬이 'ㄷ'자 형태로 이어지고 있었다. 한 변의 길이는 대략 30~40m 정도인데, 이 ㄷ자 형태의 석렬을 목장이라고 보기에는 다소 좁아보인다. 아마도 도로를 내고 저수지를 축조하면서 그 형태가 사라지고 산 능선에 석렬의 일부만 남아있는 것으로 보인다.

대부분의 사람들은 목장이라고 하면 넓고 푸른 초원이 있는 제주도를 떠올리게 된다. 말이 뛰어다닐 곳이 없는 좁은 섬에 목장이 있었다는 것에 의아해할 것이다. 전통시대의 목장은 대개 말의 생육에 좋은 환경을 가지고 있는 지역에 설치되었는데, 그 입지조건을 살피면 겨울에도 춥지 않은 온난한 기후에 말들에게 먹일 수초(水草)가 풍부한 곳이 목장지로 선택되었다. 게다가 말은 대개 방목을 해야 했고, 풀어놓은 말들이 농작물에 피해를 주는 것을 막기 위해서 경작지로부터 멀리 떨어진 지역에 목장을 설치할 수밖에 없었다. 특히, 도

▲ 폭 60~80cm 내외의 석렬이 'ㄷ'자 형태로 이어진다.

성과의 거리가 가까워 마필의 운송이 용이하다는 점에서 서남해 연안의 도서 지역은 말을 방목할 만한 최적의 조건을 가지고 있다고 할 수 있다.[26]

전통적으로 말[馬]은 교통과 군사적 측면에서 그 중요성이 매우 컸다. 또한, 말 힘줄은 활을 만드는 재료로 쓰이고 말가죽은 가죽신을 만드는 재료가 되는 등 산업적인 측면에서도 없어서는 안 될 필수적인 가축이었을 뿐만 아니라 무엇보다도 대중국 외교의 주요 수출품이었다. 명의 강제적인 요구에 조선은 수시로 대량의 말을 수출하여 문제가 되기도 했다.

> 허조는 또 아뢰기를, "중국에서 지난해에 말을 1만 필을 청구하고 지금 또 1만 필을 청구하니, 본국(本國)의 말은 예전에 비하여 감소되고, 또 강장(强壯)하지도 못합니다. … 군정(軍政)은 말보다 급한 것이 없는데, 충실한 말 2만 필을 골라 바치게 되면, 이는 2만의 기병(騎兵)을 감소시키는 결과가 됩니다. 이 일 때문에 신은 밤중에도 자지 않고 걱정하는 것입니다. 우리 태조께서, 고황제(高皇帝) 때에 말을 3, 4천 필을 바친 적이 없었으니, 신은 반을 감하기를 주청(奏請)하여, 다만 5천 필만 바치는 것이 편할 것입니다. 부득이하여 다 바치게 된다면, 내년을 기다려 바치는 것이 옳겠습니다. 지금 황제의 모든 하는 일이 도리가 아닌 일이 많사온데, 북적(北狄)이 크게 소란하여, 전쟁이 그치지 않게 되면, 편소한 우리나라로서 어떻게 그 한정 없는 요구에 응하겠습니까.(중략)[27]

조선 초기인 1392년(태조 원년)부터 1451년(문종 1)까지 59년간 약 7만 필(63,310필)을 수출하였다 하니[28] 얼마나 많은 말들이 필요했는지 미루어 짐작할 수 있다. 마필의 수량을 충족하기 위해 조정에서는 목장을 확대하고자 꾸준히 논의하였다. 태종대부터 시작된 목장 확대 논의는 세조대까지 이어진다. 강화도를 포함한 서해 도서 지역에 목장을 확장하고자 했던 까닭은 다음과 같은 장점이 있었기 때문이었다.

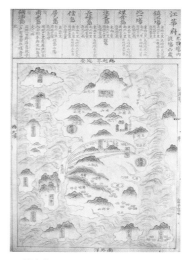

▲ 목장지도(牧場地圖)
국립중앙도서관 소장(17세기, 보물 제1595-1호)

첫째, 강화도가 도성에 가까워 사복시 관리의 왕래가 용이한 점. 둘째, 국가에 위급한 일이 닥쳤을 때 마필의 수송이 용이한 점. 셋째, 수초가 풍부하여 말을 사육하는데 적당하다는 점. 넷째, 각 섬의 고통을 줄일 수 있다는 점. 다섯 째, 제주도 목장의 단점을 보완할 수 있다는 점 때문이었다.[29] 이와 같은 장점을 바탕으로 전국의 도서 지역에 목장 설치가 논의되기에 이른다.

강화(江華)에 새 목장이 이룩되니, 둘레가 6만 7천 1백 48척(尺)이었다. (중략) 일찍이 제주(濟州)의 말을 용매도(龍媒島)로

옮겨다 키웠는데, 그 말이 제주의 말보다 나았다. 용매도는 땅
에 돌과 자갈이 많아 요박(磽薄)하였으나 오히려 이와 같았
는데, 더욱이 강화는 땅이 기름지고 풀이 풍부한데야 말할
것이 있겠는가? 만약 강화의 땅으로 온전히 목장을 만들 수 있
다면 제주보다 못하지 않을 줄로 나는 안다. 제주는 중국에서
자주 지칭(指稱)하지만, 그러나 또 해로(海路)가 험조(險阻)하
여 왕래할 때에 사람이 많이 빠져 죽으니, 갑자기 급한 일이
있더라도 사용하게 되지 못하면, 어찌 한갓 제주만 바라고 염려
하지 않을 수 있겠는가? 마땅히 강화부(江華府)로 이문(移文)하
여 이사하는 백성들의 경작하던 전답을 백성들로 하여금 더
점유하지 못하게 하여, 황야가 되도록 내버려두어서 강화 땅
이 모두 목장이 되도록 한다면, 군국(軍國)의 말이 어찌 사용
하는 데 여유가 있지 아니하겠는가? 비록 양향(糧餉)이 여유
가 있다 하더라도 도보(徒步)로 무엇을 할 수 있겠는가?[30]

그렇다면 주문도 목장은 언제 설치된 것일까? 정확하게 주문도
에 언제 목장이 설치되었는지는 알 수 없으나, 세종 18년 논의에서의
주문도 목장에 관한 기록으로 보아 세종 13년~18년 사이에 주문도에
목장을 설치한 것으로 보인다.[31]

"목장으로 할 만한 곳을 의논해 찾으라"하여, 지난 정미
년에 혁파한 목장을 상고한바, 경기 양성현(陽城縣)의 괴태
길곶(槐台吉串), 수원부(水原府)의 홍원곶(弘原串), 인천군(仁川

郡)의 용류도(龍流島)·무의도(無衣島), 남양부(南陽府)의 선감미도(仙甘彌島), 강화부(江華府)의 주문도(注文島)와 황해도 해주(海州)의 수압도(睡鴨島)와 충청도 당진현(唐津縣)의 맹곶(孟串), 태안군(泰安郡)의 다리곶(多利串), (중략) 소를 구입하는 데는 각도에서 생산되는 어염(魚鹽)과 각영의 공물(公物)로서이를 바꾸게 하자고 하니, 그대로 따랐다.[32]

(중략) 경기도의 자연도(紫燕島)·용류도(龍流島)·무의도(無衣島) 목장은 지인천군사(知仁川郡事)로, 대부도(大阜島)·여흥도(呂興島) 목장은 남양 도호부사(南陽都護府使), 덕적도(德積島)·사야곶(士也串)·이작도(伊作島)·소홀도(召忽島) 목장은 좌도 첨절제사(左道僉節制使)로, 매도(煤島)·장봉도(長峯島)·위도(位島) 목장은 정포 만호(井浦萬戸)로, 주문도(注文島)·보음도(甫音島) 목장은 우도 첨절제사(右道僉節制使)로 겸해 임명하고, 감목관(監牧官)은 모두 혁파(革罷)하는 것이 어떠하오리까." 하니, 그대로 따랐다.[33]

『강도지』에 따르면 주문도 목장에는 말 162필과 소 9마리가 있었고[34], 품질 역시 진강장(鎭江場)의 말에 뒤지지 않았다고 한다.[35] 도서지역의 여느 목장들이 그랬듯이 주문도 역시 사면이 바다로 둘러싸여 따로 경계를 설 필요가 없으며, 키우던 말과 소가 도망칠 수 없다는 장점이 있다. 주문도는 물이 풍부하여 말들의 먹이로 쓸 풀들이 잘 자라는 곳이었고, 한양과 매우 가까워서 내륙으로의 말 수송이 편리하여 목장이 들어서기에 입지조건이 좋았다.

그러나 임진왜란과 병자호란을 겪으면서 경작지의 대부분이 황폐화되어 경제 상황이 좋지 않게 되자 조정에서는 목장을 혁파하여 경작지로 개발해야 한다는 논의가 이루어지기 시작한다. 목장을 폐지해야 하는 이유로는 첫째, 겨울을 대비할 건초와 마구의 준비가 어렵고 둘째, 목장지는 경작할 수 있는 땅으로서 말을 방목하는 것은 옳지 못하며 셋째, 목책 등의 설치로 공역이 많다. 마지막으로 목장 곁의 전지가 말 떼에 의해 유린당한다는 점을 들고 있다.

> (중략) 신이 직접 주문도에 가서 자세히 사정을 살펴보니, 감목을 겸하고, 목마를 옮기지 않을 경우 마침내 모순이 생겨 난처한 일이 있을 것입니다. 대체로 본도는 남북이 길고 동서는 좁으며 주위는 비록 20리에 가까우나 산과 메마른 곳을 제외하면 물과 풀이 풍성한 곳은 길이 5리, 넓이 겨우 1리에 지나지 않고, 토졸(土卒)이 심은 보리를 말 떼가 모두 뜯어먹으니 수확할 희망이 없는데, 앞으로 논의 곡물에 있어서도 반드시 이러할 것입니다. 지금 마성(馬城)을 높이 쌓고 말이 뛰어놀 수 없게 한다면 비단 말 떼들이 뛰어다니며 번식이 될 형편이 아닐 뿐 아니라, 본 목장의 목자(牧子)는 5명뿐이니, 실로 해마다 수축(修築)할 희망이 없습니다.[36]

농토가 척박했던 제주도에 비해 벼농사가 주를 이루던 강화 주변 지역은 목장과 경작지가 인접해 있어 방목하는 말들로 인한 폐해가 많았던 것으로 보인다. 조선 후기에 들어 도서 지역의 군사적, 경제적 중요성이 부각되면서 읍호나 수군진이 설치되기 시작하고,[37] 경작지 확보를 위해 목장을 점차 폐지하면서 그 수가 줄어들게 된다. 결국 순조 연간에 이르면 전국의 목장은 대부분 폐지되었고, 일제강점기에 이르러 전폐되었다.[38]

서도면 유일의 학교, 서도초·중·고교

주문저수지 아래쪽으로 서도면 유일의 학교인 서도초·중·고교가 자리잡고 있다. 서도초등학교의 역사는 주문교회와 신도가 뜻을 모아 주문진이 있던 자리에 사립 영생학교를 설립하면서부터 시작된다. 『속수증보강도지』에 따르면 1907년(융희 원년) 주문도 사람인 박용세(朴容世)가 영생학교를 설립하고, 다음 해에 인가를 얻어 기독교선교회 관리 아래 두었다. 총 4학급에 여자부를 설립해 남녀 교사 5명을 초빙하였는데,[39] 이후 1935년 서도공립보통학교로 인가되었다. 1936년 교회당에서 서도공립소학교로, 1941년 서도공립국민학교로 개편되면서 점차 교회와 분리된다. 당시만 해도 서도면은 서해 어업의 전초기지로서 많은 사람들이 살고 있었기 때문에 아이들도 많았다. 아이들의 교육을 위해 1942년 볼음국민학교가 개교하였고, 1947년에는 아차분교장이 인가되었으며, 이듬해에는 말도분교장이 차례로 인가될 정도였다. 섬에서 만난 어르신의 기억을 빌려보면 많을 때는 학교마다 약 250여 명의 학생들이 있었다고 한다. 뒤를 이어 중·고등학교 역시 설립되었다. 1967년 강화중학교 서도분교가 1980년 서도중학교로 승격되었고, 서도고등학교 설립을 인가받아 1981년 서도중·고등학교를 개교하였다.

▲ 1938년 서도공립보통학교 제1회 졸업기념사진(상) 및
1954년 서도국민학교 제15회 졸업기념사진(하) (출처:jumundo.com)

▲ 현재의 서도초·중·고

　그러나 남북이 서로 총을 겨눈 채 긴장감이 지속되고, 어로한계 선이 설정되는 등 삶에 많은 제약이 생겨나면서 주민들이 하나둘씩 서도면을 떠나기 시작했다. 섬에 학생들이 사라지게 되면서 1999년 서도초등학교는 서도중·고등학교와 통합되어 서도초·중·고교가 되었다. 현재까지 초등학교 1654명, 중학교 415명, 고등학교 306명의 졸업생을 배출한 서도초·중·고교는 현재 유치원생 3명, 초등학생 4명, 중학생 5명, 고등학생 2명 등 총 14명의 학생만이 있을 뿐이다.[40] 학교라도 남아 있는 주문도의 상황은 그나마 나은 편이다. 서도면 내 다른 학교인 말도분교와 아차분교 그리고 볼음분교가 폐교(각각 1990년, 2001년, 2018년)되면서 현재 서도초·중·고는 서도면의 유일한 학교로 남아 있다. 이마저도 2020년 인천 지역 내 신입생이 없는 초등학교 7곳 중의 하나가 바로 서도초등학교이다.[41] 그다지 크지 않은 운동장이 유독 텅텅 비어 보이는 것은 어째서일까? 신입생을 받지 못한 대부분의 학교가 도서 지역에 위치하고 있다는 것에 괜시리 마음 한 켠이 씁쓸해진다.

왕실의 보장처 강화 방어의 최전선, 주문진

주문저수지를 지나 마을로 들어가면 100년 이상의 역사를 자랑하는 서도중앙교회가 나온다. 인천문화재자료 제14호로 지정된 서도중앙교회의 현판에는 진촌교회라고 쓰여 있다. 서도중앙교회가 위치하고 있는 곳은 행정구역상으로 주문1리인데 왜 진촌교회라 부르는 것일까? 우리나라 섬들에는 진말, 진촌, 진리 등 '진'자가 들어 있는 지명이 다수 있는데 이것은 수군 주둔지 혹은 관청이 있던 곳이었기 때문에 붙은 명칭이다. 마을사람들 역시 아직까지도 '진촌' 혹은 '진말'이라 부르고 있다. 이는 주문도에 수군진인 주문진(注文鎭)이 있었기 때문이다. '진(鎭)'이란 중요한 강이나 바다에 군사시설을 설치하고 군대가 주둔하면서 외적의 침입을 사전에 관찰하고 방어하는 군사기지를 말한다.

서도중앙교회의 아래, 주문도리 600번지에 위치한 (구)서도초등학교 자리가 바로 주문진이 있던 곳이다. 학교가 들어서게 되면서 이곳이 주문진이었다는 것을 확인할 만한 흔적은 사라지고 말았다. 앞에서 살펴본 수군첨절제사 현득유 영세불망비가 정문 왼편에 세워져 이곳이 주문진이 있었던 곳이었음을 알려주었으나, 지금은 서도

▲ 주문진 자리에 세워진 (구)서도초등학교

면사무소 앞으로 이전된 상태이다. 예전 조사보고서에는 학교 건물 앞 계단 맨 위쪽으로 주문진의 것으로 보이는 초석이 있었다고 하는데, 지금은 찾아볼 수 없었다. 주문진이 설치되게 된 배경을 간단히 살펴보자. 경기 서해 지역은 17세기 말 이후 황당선(荒唐船)이 적지 않게 출몰하고 있었으며, 조운선이 지나가는 요충로였던 관계로 해방처로서의 역할이 부각되었다.[42] 1629년(인조 7) 남양에 있던 경기수영이 교동으로 옮겨지면서 교동현이 도호부로 승격되어 정3품의 경기수사가 교동부사를 겸하게 된다.

교동현(喬桐縣)을 부(府)로 승격하고 변흡(邊潝)을 경기수사(京畿水使)로 삼았다. 그리고 진(鎭)을 교동으로 옮겨 부사의 일까지 겸행하게 하였다. 이는 비국이 "화량(花梁)은 한쪽에 외따로 있어서 수영(水營)으로는 적합하지 않은데, 교동은 연안(延安)과 강 하나를 사이에 두고 있으므로 그 곳에 수영을 설치하면 강화도와 기각(掎角)의 형세를 이룰 수 있다." 하여 옮기자고 건의한 것인데, 김류의 의견이었다.[43]

남양은 비교적 도성에서 멀리 떨어져 있어 외적이 해상을 통해 도성을 공격할 경우 적절한 대응이 어려웠다. 반면 강화와 교동은 한강 하구에 위치하고 있기 때문에 도성 방어를 위한 최후의 보루가 될 수 있었다. 이후 경기수사에게 서해와 충청 지역의 수군까지 관할하는 삼도수군통어사(三道水軍統禦使)의 직임을 부여하게 되는데, 이는 유사시 왕실의 안전한 이동과 강화의 방비를 위한 것이었다.[44] 아울러 숙종 초 조선인들이 만주로 유입되면서 조선과 청 사이에 잦은 월경문제가 발생하였다. 이 때문에 청이 조선을 다시 침입할 수도 있다는 위기감이 팽배했고, 이러한 상황 속에서 조선은 보장처인 강화의 방비를 위해 주문진을 설치하게 된다.

（중략) 강화유수 윤계(尹堦)가 아뢰기를 "장봉(長峯)과 주문(注文) 두 섬도 역시 강화의 문호(門戶)이니 진을 설치하는 것이 마땅할 듯하나 만일 진을 설치하고 변장을 두게 되면 주민이 적어 모양을 이루기도 어렵거니와 요포(料布)나 급료가 나올 곳도 없습니다. 우선 본읍의 주민으로서 일을 알 만한 사람을 두 섬에 파견하여 봉화와 요망(瞭望)의 일을 맡게 하고 모미(耗米)에서 덜어내어 참작하여 요미(料米)를 주는 것

이 어떻겠습니까?" 하니, 임금이 그대로 거행하는 것이 좋겠
다고 하였다.[45]

> 철곶진(鐵串鎭)을 주문도(注文島)로 옮기고 주문도첨사(注
> 文島僉使)로 이름을 고쳤으니, 경기 수사(京畿水使) 유성추(柳
> 星樞)의 청(請)으로 인한 것이었다.[46]

주문도에 진을 설치하기 이전부터 조선 정부는 주문도를 강화
의 입구로 중시하여 오다가, 경기 수사 유성추의 건의로 1712년(숙종
38)에 주문진을 설치하게 된다. 주문진에는 수군첨절제사가 파견되
었는데, 수군첨절제사는 종3품의 무관으로 각 지방에 설치한 수군의
거진(巨鎭)중에 주요 포구(浦口)를 근거로 하여 소속 제진(諸鎭)의 수
군 만호(萬戶)를 관장하였다. 목(牧)이나 부(府)의 경우는 수령이 이를
겸하였으나, 진영(鎭營) 안에 전임할 경우는 첨사라 하였다. 경기 도
서 지역의 군사적 중요성이 부각됨에 따라 주문진은 덕적도에 설치
된 덕적진(1652), 안산에서 영종도로 이설된 영종진(1656), 강화 정포에
서 장봉도로 이설된 장봉진(1678)과 함께 경기수영에 소속되어 강화
외곽 방어선의 한 축을 담당하였다. 1734년(영조 10) 주문도첨사 윤필
은이 주문도의 중요성에 대해 다음과 같이 역설하였다.

> 주문도 첨사(注文島僉使) 윤필은(尹弼殷)이 상소하여 해상
> (海上)을 방어하는 형편을 논하고, 청하기를, "길상 목장(吉祥

牧場)에 있는 말[馬]들을 무의(無衣)·용류(龍流)·신도(信島) 등의 목장에 나누어 배치하고 길상의 옥토(沃土)는 백성에게 경작해 먹을 것을 허락하며, 보음(甫音)·아차도(牙次島)·서검도(西檢島)의 백성은 주문진(注文鎭)에 소속시키고 무의(無衣)·용류(龍流)·덕적도(德積島)의 백성을 장봉(長峰)에 소속시켜 그들로 하여금 부근(附近)을 따라 완취(完聚)하고 힘을 합하여 뜻밖의 변고에 대응하게 하소서. 또, 주문진에 입방(入防)한 수군(水軍)은 풍천(豊川)·장연(長淵)·해주(海州)에 많이 있는데, 이 세 고을에 소속된 수군은 연안(延安)·배천(白川)에 많이 있으니, 마땅히 부근을 따라 서로 바꾸어 군역(軍役)에 응하게 해야 합니다.[47]

1871년(고종 8)에 편찬된 『경기읍지』 1책에 수록된 주문진[48]의 지도를 살펴보자. 중앙의 진아(鎭衙)는 주문진에 파견된 수군첨절제사가 근무하며 군사업무를 보던 동헌을 가리킨다. 주문진에 있던 병선(兵船)들은 지도 왼쪽 하단부의 어변정(禦邊亭)에 정박시켰는데, 어변정은 '변방을 막기 위해 세운 정자 또는 건물'이란 뜻이다. 『경기읍지』에 의하면 주문진에는 전선 8척이 있었다. 이 밖에도 수군 166명은 본진에 있고 566명은 외읍에 있다고 기록되어 있다. 비슷한 시기에 보장처인 강화 외곽을 방어할 목적으로 설치된 영종진에 전선 9척과 수군 279명이, 덕적진에 전선 7척과 수군 218명이 배치된 것에 비추어볼 때 주문진 역시 그에 준하는 요충지였음을 알 수 있다. 주문진은 덕진진, 영종진, 장봉진 등과 함께 보장처인 강화도의 외곽을 방어할

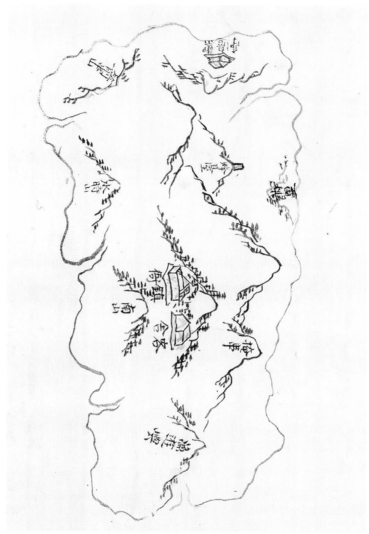

▲『경기읍지(京畿邑誌)』주문진, 서울대학교 규장각한국학연구원 소장(19세기)

목적에서 설치되었기 때문이다.

조선 후기의 수군진은 먼바다에서 도성으로 접근하는 적의 접근을 차단할 목적으로 도서 지역을 중심으로 편제되었다. 이는 해상방어선을 구축하여 서남 해안에 출몰하여 약탈을 일삼던 해적과 황당선으로부터의 피해를 최소화하기 위함이었던 것으로 보인다.

강화 주문도는 해수욕의 적지(適地)

서도면은 다른 피서지에 비하여 한적할 뿐만 아니라 오염되지 않은 자연을 체험할 수 있기에 도심 근교의 피서지로 각광 받고 있다. 특히, 강화나들길 12·13번 코스가 있는 주문도와 볼음도는 최근 '한국인의 밥상', '아내의 맛' 등 TV 프로그램에도 소개되면서 관광객이 꾸준히 늘어나는 추세이다. 그런데 주문도의 해수욕장이 일제강점기부터 주목받아 왔다는 것을 아는 사람은 많지 않다.[49]

▲ 『매일신보』 1934년 6월 12일 기사 "江華注文島는 海水浴의 適地"

기사를 통해서 주문도의 해수욕장이 이미 일제강점기부터 넓은 모래사장과 해당화가 만발한 지역이었음을 알 수 있다. 해당화(海棠花, Rosa rugosa THUNB)는 우리나라 각지의 바닷가나 산기슭에서 자라는 장미과 낙엽관목으로 물 빠짐이 좋고 햇볕을 많이 받는 곳에서 자란다. 개화 시기는 5~7월로 향이 진하여 향수의 원료가 되기도 한다. 오늘날에도 주문도는 '해당화 피고 지는 섬'이라 불릴 정도로 해당화가 군락을 이루고 있으며, 해수욕장의 규모는 크지 않지만 소박하고 아름다운 자연경관으로 많은 사랑을 받고 있다.

▼ 주문2리 전경. 뒤쪽으로 석모도가 보인다.

▲ 대빈창 마을의 표지판

주문도의 대표적인 해수욕장인 대빈창해수욕장은 서도면사무소가 있는 주문2리에서 서도교회 쪽으로 '대빈창길'을 따라 고개를 넘어가면 만날 수 있다. 대빈창(待賓倉)이란 과거 사신이나 상인들이 왕래할 때 영접하기 위한 물건을 보관하던 창고를 말한다. 해수욕장 옆으로 펼쳐진 소나무 숲에 대빈창이 있었던 것으로 추정되지만 1998년 방조제 공사로 주변의 지형이 변해 현재는 그 흔적을 찾아볼 수 없다.

약 1.5km 정도 펼쳐진 새하얀 모래사장과 파란 바다, 그리고 그 옆으로 펼쳐지는 소나무 숲의 조화가 아름답게 어우러진다. 모래사장을 벗어나면 넓게 펼쳐진 갯벌에서 백합(상합)을 캘 수 있으며, 해가 기울면 소라를 잡을 수 있어 가족 단위의 피서객들이 많이 찾고 있다.

▲ 주문도 대빈창해수욕장. 볼음도가 손에 잡힐듯 가깝다.

▲ 홀로 서 있는 경운기

대빈창해수욕장 옆으로는 뒷장술해수욕장이 넓게 이어진다. 물이 빠지면 걸어서 이동할 수 있는데, '뒷장술'이란 마을 뒤쪽이란 의미이다. 주문1리의 남쪽 해안가의 모래사장은 약 2km 정도 펼쳐지고 물이 빠지면 드러나는 넓은 갯벌에는 조개와 백합 등 다양한 해산물이 서식하고 있다. 물이 완전히 빠지면 해수욕장 맞은편의 무인도인 분지도까지 갯벌이 펼쳐진다고 하니 그 넓이가 짐작조차 되지 않는다.

서도중앙교회가 있는 주문1리 앞쪽에는 앞장술해수욕장이 펼쳐진다. '마을 앞쪽'이란 의미의 앞장술해수욕장은 대빈창해수욕장이나 뒷장술해수욕장과는 달리 모래사장이 넓지 않아 해수욕장이라 부르기엔 아쉬운 감이 있어 잘 알려지지는 않았다. 그러나 해안가를 따라 해당화가 군락을 이루고 있어 장관을 이룬다.

▼ 주문도에 핀 해당화(출처:jumundo.com)

3. 광산이 있던 섬, 볼음도(乶音島)

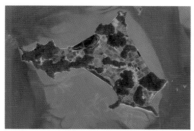

▲ 출처 : 구글어스

▲ 근세 한국 5만분의 1 지도 속의 볼음도(1918년) 편집본

두 번째로 소개할 섬은 서도면에서 가장 큰 면적을 가지고 있는 볼음도(乶音島)이다. 동경 126°11′, 북위 37°40′에 위치한 볼음도는 면적 6.6㎢, 해안선 길이 13.6㎞이다. 2019년 강화군 기본통계에 따르면 볼음도에는 148세대 245명이 거주하고 있다.[50]

1943년 볼음출장소가 설치되고, 1995년 인천광역시에 편입되어 오늘에 이르고 있다. 볼음1리와 볼음2리로 나뉘는 볼음도는 새우잡이로 유명하여 한국전쟁 이전까지 많은 사람들이 살았다. 그러나 전쟁 이후 황해도 연백군과 불과 5㎞ 떨어진 서해 최북단에 위치하게 되면서, 풍요로웠던 볼음도의 상황이 급변하게 된다. 어로저지선이

▲ 서도면사무소 볼음출장소

설정되어 어업 활동을 할 수 없게 된 주민들은 하나둘씩 섬을 떠나 갔다. 황금 어장을 앞에 두고도 어업과는 담을 쌓게 된 주민들은 농 사를 짓기 위해 땅을 간척했다. 크지 않은 섬에 논만 해도 55만 평이 고 이 중 40만 평은 친환경 농법으로 경작하고 있다. 농업용수를 공 급하기 위해 1982년 조성한 10만 평 규모의 볼음저수지와 주변에 넓 게 형성된 갯벌은 다양한 철새들의 서식처가 되었다.

특히, 천연기념물 제205호이자 멸종위기종 1급 노랑부리저어새 (Black-Faced Spoonbill)의 서식지로 잘 알려져 있다. 먹이를 찾기 위해 큰 부리로 물속을 휘휘 젓는다고 해서 저어새라고 부르는데, 밭갈이 하는 쟁기처럼 생긴 부리를 가졌다 하여 가리새라 부르기도 한다. 노 랑부리저어새는 일본·대만·홍콩·인도차이나·베트남 등에서 겨울을 보내고 4~6월 강화도 등지에서 번식해 11월까지 머무르다 간다.

▲ 볼음도에서 바라본 황해도 연백군

▲ 볼음저수지

▲ 볼음도 선착장

　볼음도 대합실 앞에는 볼음도의 특징을 잘 살린 안내도가 있다. 볼음도라는 명칭의 유래에서부터 볼음도에 서식하는 생물까지 해학적인 그림으로 표현한 것이 재미있다. 볼음도 역시 주문도에 못지않은 아름다운 해수욕장이 있는데, 그중에서도 '조개골해수욕장'이라는 이름이 눈에 띈다. 조개가 많아서 조개골이란 이름을 얻은 만큼 백합(상합)이 많이 잡힌다. 해수욕장 뒤로 펼쳐진 해송 숲에서 야영도 가능하기 때문에 조개를 잡기 위한 가족 단위의 피서객들에게 인기가 많다. 조개골해수욕장의 새하얀 모래사장과 탁 트인 바다를 마주하면 자연의 아름다움에 마치 시간이 멈춰버린 것 같다.

▲ 볼음도 조개골해수욕장

▲ 볼음도 영뜰해수욕장

▲ 건간망: 바닷가에 말뚝을 박고 그물을 둘러친 것. 조수간만의 차가 큰 지역에서 밀물 때 들어온 물고기가 썰물 때 빠져나가지 못하고 그물에 걸리는 원리.

조개골해수욕장 끝의 툭 튀어나온 곳을 '소곶(小串)'이라 부르는데 물이 빠지면 바로 옆으로 이어지는 영뜰해수욕장으로 건너갈 수 있다. 영뜰해수욕장 입구에 전망대가 있는데, 망원경이 설치되어 있어 주변 경관을 둘러보기에 안성맞춤이다. 예전에는 백사장이 넓게 펼쳐졌으나 지금은 모래가 많이 깎여 나가 해수욕보다는 주로 백합을 캐거나 건간망(建干網) 체험을 하고 있다. 주로 숭어, 농어, 밴댕이 등이 잡힌다고 한다. 영뜰해수욕장 앞쪽의 갯벌은 여름철 볼음도를 방문하는 피서객들이 갯벌체험을 할 수 있도록 볼음어촌계에서 관리하는 마을어장이기 때문에 허락 없이 들어가 수산물을 포획할 수 없다.

광산이 있던 섬

해수욕장을 뒤로 한 채 길을 따라 마을로 향한다. 당집이 있는 산 아래에 있어서 당하촌 혹은 당아래라고 불리는 이 마을은 선착장과 가까워서 사람들이 많이 살고 민박도 많다. 마을 입구에서부터 길을 따라 민박집이 늘어서 있는데 현재 13개의 민박이 운영 중이다. 손님이 많지 않은 겨울에는 대부분 문을 열지 않기 때문에 사전에 예약을 해야 한다. 사람들이 섬을 떠나가면서 곳곳에 남겨진 빈집들이 눈에 들어온다. 황해여인숙이란 간판이 붙어 있는 집 역시 문이 닫혀 있다. 한국전쟁 당시 황해도에서 피난 온 사람들이 많았기 때문에 황해여인숙이란 이름을 붙였는지도 모르겠다. 볼음교회 목사님의 소개로 만난 원로장로님에 따르면 볼음도 앞바다가 새카맣게 보일 정도로 많은 피난민이 넘어왔다고 한다. 전쟁이 금방 끝날 줄 알고 몸만 피했던 사람 중 일부는 쌀을 가지러 다녀오겠다는 말을 남기고 북으로 갔으나 되돌아오지 못했다. 그렇지 않아도 사람이 많던 섬에 피란민들이 들어오면서 여기저기 움막이 생겨나기도 했다. 많은 인구가 땔감을 구하다 보니 나무는커녕 풀뿌리조차 남아나지 않았다. 그만큼 볼음도에 사람들이 많이 살았음을 보여주는 일화다. 당시에는 섬에 학생들이 넘쳐났다. 서도면사무소 볼음출장소를 지나면 폐교된 학교 두 곳이 나오는데, 서도초등학교 볼음분교와 서도중학교 볼음분교이다. 서도초등학교 볼음분교는 1942년 공립볼음국민학교로 개교하였으나, 학생이 줄어들면서 1988년 서도국민학교와 통합하여 볼음분교장으로 격하되었다. 더 이상 학교 다닐 아이들이 없어진 지난 2018년 결국 폐교되었다. 서도중학교 볼음분교는 1976년 강화 강서중학교 볼음분교장으로 개교하였다가 1981년 서도 중학교 볼음분교장으로 개교하였다. 이후 섬에 사는 학생의 유무에 따라 휴교와 재개교를 반복하다가 2018년 폐교되었다. 아이들의 웃음소리가 사라진 학교를 둘러보니 마음이 무거워진다. 볼음도에 다시 아이들이 뛰어노는 날이 올 수 있을까?

볼음분교를 지나면 야트막한 산이 하나 나오는데 '광산전망대'라는 표지판이 나온다. 광산이라는 명칭이 예사롭지 않아 찾아 보니 아니나 다를까 볼음도에 중석광이 있었다.[51] 일

▲ 일본 고주파중공업 주식회사 주권(1940년)

제강점기에 일본 고주파중공업에 의해 개발된 중석광은 해방 이후 휴광 상태에 있다가 1965년에 다시 채광하였으나 수지가 맞지 않아 바로 폐광되었다. 중석은 텅스텐(tungsten)이라고도 하는데, 전구의 필라멘트를 만드는 금속이다. 광산의 뒤편으로 돌아가면 지금은 밭으로 개간된 평평한 공터가 나오는데, 중석광 사무실이 있던 자리라고 한다. 바로 옆으로 중석광 입구가 있는데, 갱이 깊고 물이 고여 있어 안전을 위한 철조망을 설치해 놓은 상태이다.

원로장로님의 기억에 의하면 중석광 사무실은 후에 서도공민학

▲ 2018년 폐교된 서도초등학교 볼음분교

▲ 중석광 입구

▲ 중석광 사무실 터. 후에 서도공민학교가 들어섰다.

교로 운영되었다고 한다. 공민학교란 1946년 공민학교설치요령에 근거하여 설치된 교육기관으로 초등교육을 받지 못하고 학령을 초과한 사람들에게 기초교육을 실시하기 위하여 설립했다. 수업연한은 3년이고 성인 문맹을 위한 성인반도 있었다고 한다. 1950년대에는 문맹퇴치 교육이 활발하게 진행되어 공립학교가 많이 설립되었으나 초등교육이 보편화된 1960년대 말부터 급격히 감소하였다. 1980년대 이후 홀로 명맥을 유지해 오던 서울YWCA 기청공민학교가 2012년에 폐교되면서 공민학교는 역사 속으로 사라지게 되었다.[52]

▲ 철광산 인근. 붉은색을 띄고 있는 바위가 곳곳에 있다.

조개골해수욕장 끝에는 '물엄구지'라는 툭 튀어나온 곳이 있는데, 이곳에도 철광산이 있었다. 이 철광산 역시 일본 고주파중공업에 의해 개발된 것으로 현재 광산의 흔적은 찾아볼 수 없으나, 철 성분이

함유되어 붉은색을 띠고 있는 바위가 여기저기 분포해 있다. 해안가의 모래 역시 철 성분을 함유하고 있어 자석에 들러붙는다. 1935년부터 1945년까지 일본 고주파중공업에서 개발, 채굴하였으나 해방 이후 수지가 맞지 않자 폐광하였다.

외적의 침입을 알려준 포성, 볼음도요망대

옛 기록에 따르면 볼음도를 다른 말로 망도(望島)라고 부르기도 했다.[53] 볼음도가 망도라고 불린 이유는 아마도 요망대(遙望臺)가 있었기 때문으로 추정된다. 볼음도요망대는 서도면 볼음도리 산 7-21번지에 위치한 해발 83m의 야트막한 봉화산(烽火山) 정상부에 위치하고 있다. 요망대란 높은 곳에서 주변을 감시하거나 적의 동정을 살펴 관측소 역할을 수행하던 군사시설이다. 조선 후기 이양선(異樣船)의 침입에 대비하기 위하여 운용되기도 했으며, 형태나 운영방식에 따라 봉수의 일종으로 보기도 했다. 불을 피워 상황을 알리기도 하였으나, 포를 쏴서 그 소리로 연락하는 통신수단으로 활용하기도 하였다.

앞에서 이미 군사적으로 중요했던 지역의 영(營)·진(鎭)·보(堡)에서 자체적으로 설치하여 본영이나 본진으로만 연락하던 봉수를 '권설봉수'라고 한다는 것을 언급하였다. 조선 후기에 들어서면 강화·인천 연안의 중요성이 부각되었고, 이에 따라 도서 지역에 봉수를 설치하였다. 권설봉수의 범주는 매우 포괄적인데, 이양선의 침입에 대비하기 위하여 경상·전라 남해안과 인천 강화 일부 도서에 임시로 설봉하였던 요망(대)·별망(망)·해망·돈대 등이 포함된다.[54] 『속수증보강도지』의 기록을 살펴보면 볼음도의 요망대가 어떻게 운영되었는지 확인할 수 있다.

　　　　(중략) (4곳이 있다. 하나는 말도, 두 번째는 보을음도, 세 번째는 어유정도에 있으며, 네 번째는 황산도에 있다. 각 요망장 1인과 요망군 10인이 지키고 있다.) 살펴보면, 단암 민진원 공(公)이 유수로 있을 때 요망대 설치를 다음과 같이 주청하였다. (중략) "연해를 지키는 방책은 경계를 철저히 하는 것이 급한 일인데, 강화 경계에 있는 여러 섬들은 바다 한 가운데에 나열되어 있습니다. 그 중 말도(末島)는 황해도 경계의 큰 바다 한 가운데에 있는데, 말도로부터 보을음도까지는 5리이며, 보을음도로부터 서검도는 10리 떨어져 있으며, 서검도에서 미법도까지는 10리이다. 미법도에서 석모도까지는 10리이며, 석모도에서 강화부까지는 3리인데, 암돈(巖墩)까지가 10리입니다. 적선(賊船)이 만약 바다 서쪽으로 들어와 침범하면 말도 위에 있는 여러 섬들이 차례로 경보를 전한 후에 강화에서 급히 군병을 모집하여 막으면 충분히 대비할 수 있습니다. 그리고 여러 섬들 간의 거리가 서로 가깝기 때문에 포(砲)를 쏘게 되면 그 소리를 각 섬들에서 들을 수가 있으므로, 만약 여러 섬들에 각기 요망대장 한명씩을 두고, 각기 대포 2대를 두며, 적선이 별보를 듣고 도망을 쳐도 말도에서 방포를 하면 여러 섬들에서도 모두 서로 응대를 하게 되고, 결국 33곳

의 돈대에까지 다다르게 되어, 강화 영문(營門)에서도 그 포성을 듣게 되는 것입니다. 그래서 적선이 비록 40리 밖에 있다고 해도 강화 영(營)에서 이미 적선이 온 것을 알고 대비할 수 있는 것입니다. 이 방법을 채택하게 되면, 바다를 살피는 방법이 자못 정밀해지고, 상시적으로 강화부의 각 돈대와 여러 섬들의 포성이 서로 응대하게 되어 말도에까지 이르게 되니, 이렇게 연습을 한 다음에야, 변란이 생기더라도 차츰 대응하는 힘이 있게 될 것입니다."[55]

　　강화유수 민진원은 강화 경계에 있는 여러 섬들 간의 거리가 가깝기 때문에 포를 쏴 그 소리를 듣고 서로 응대한다면 강화 영까지 빠르게 전달될 수 있다고 주장하고 있다. 실제로 봉화산 위에 올라가 보면 볼음도 주변으로 서검도·미법도·석모도 등 근처의 섬들이 육안으로 식별될 만큼 가까이 펼쳐져 있다. 현재 연조나 포대 등의 시설을 확인할 수 없고 기록과 같이 요망장 1명과 요망군 10명을 두어 운영하였는지는 확인할 수 없으나 이곳에 요망대를 설치하면 주변 해역을 감시하기 적당하였을 것이다. 이를 종합해본다면 볼음도 요망대는 주변 요망대와 포의 소리를 통해 서로 호응하면서 주변 해역의 상황을 보고하는 기능을 가졌던 것으로 보인다. 대포의 소리를 매개로 하는 통신수단으로써 요망대를 활용하면 외적의 침입을 손쉽게 파악하는 것이 가능하였을 것이다.

▲ 봉화산요망대 추정지

▲ 봉화산 정상부

마을주민들에게 봉화산의 요망대에 관하여 물으니 대부분 잘 모르는 눈치였다. 직접 확인하기 위해 봉화산을 찾아갔다. 봉화산 입구에 외롭게 서 있는 강화나들길 13코스 표지판 덕분에 이곳이 등산로임을 알 수 있었다. 봉화산 정상부에 올라가 보니 헬기장으로 쓰였던 것으로 추정되는 흔적이 남아 있다. 이마저도 사용한 지 오래되었는지 무너져 내린 채로 방치되어 있다. 육군박물관의 조사 결과에 의하면 볼음도요망대는 가공하지 않은 크고 작은 자연석을 이용하여 축조하였으며, 하부 구조 일부가 잔존하고 있으며 석렬 형태가 희미하게 남아 있었다고 한다.[56] 현재 봉화산 정상부에는 자연석들이 어지럽게 널려 있을 뿐 요망대가 있었던 흔적을 찾아볼 수 없었다. 그러나 봉화산 정상부에서 주변의 바다를 한눈에 조망할 수 있기에 먼바다에서부터 다가오는 선박을 관측하고 보고하기에 적합한 위치인 것은 분명해 보였다.

우편물을 기다리는 빨간 우체통

봉화산에서 내려온 뒤 볼음저수지로 향한다. 제방의 길이만 거의 1km에 가까울 정도로 커다란 이 저수지는 주로 농사를 지으며 살아가는 볼음도 주민들의 젖줄일 뿐만 아니라 다양한 철새들의 낙원이 되었다. 저수지에 사는 물고기를 낚기 위한 낚시꾼에서부터 때가 되면 날아드는 철새들을 보기 위한 학자들까지 다양한 사람들이 볼음도를 찾고 있다. 볼음저수지 옆에는 커다란 은행나무가 서 있다. 1982년 11월 9일 천연기념물 제304호로 지정된 은행나무는 멀리서부터 그 위용을 뽐내고 있었다. 800여 년 전 황해남도 연안군에 뿌리를 내린 부부나무 중 한 그루가 홍수에 떠내려 온 것을 이곳에 심었다는 이야기가 전해진다. 800여 년이라는 시간을 외롭게 견딘 노거수는 연안군에 있는 짝을 보기 위해서인지 높이 25m, 둘레 9.7m의 커다란 나무가 되었다. 은행나무 옆에 조그마한 팽나무 한 그루가 있는데, 주민들에 따르면 은행나무만큼이나 오래된 나무라고 한다. 두 나무는 서로를 의지하며 오늘도 세월을 이겨내고 있었다.

은행나무 뒷편의 전망대에 올라 보았다. 고향을 두고 온 실향민들을 위한 것일까? 바다 건너가 잘 보이도록 쌍안경을 설치해 놓았다. 쌍안경을 통해 바라보면 북한 땅이 지척이다. 인천보다 가까운 고향을 눈앞에 두고도 가지 못하는 실향민들의 처지는 은행나무와 같다. 쌍안경으로 이곳저곳 살펴보다가 해변가에서 무언가를 발견했다. 호기심에 다가가 보니 전혀 생각지도 못한 곳에 우체통이 있다.

우체통을 살펴보니 오랫동안 사용하지 않은 흔적이 보인다. 우체통의 빨간색은 하얀색으로 보일 만큼 바랬고, 우편물을 보관하는 몸통은 뚜껑이 사라져 버린지 오래다. 지금은 오지 않는 우편물 대신 굴을 캘 때 쓰기 위한 작업용 의자가 그 자리를 차지하고 있다. 이런 외딴곳에 왜 우체통이 있을까? 시선을 바다 쪽으로 돌려보니 안개 낀 바다 위로 선착장이 뻗어 있다. 북한으로 가던 선착장인가 싶었으나, 그러기에는 선착장의 상태가 양호하다. 주변에 수소문해보니 말도로 가던 선착장이라고 한다. 2009년까지만 해도 말도와 볼음도를

▲ 우편물을 기다리는 우체통

▲ 우체통과 선착장

▲ 말도~볼음도를 연결해 주던 선착장

오가던 '평화호'가 있었다. 우체통은 당시 말도 주민들의 소중한 우편
물을 보관하고 있다가 평화호 선장에게 전달해 주곤 했다. 평화호의
운행이 중단되면서 여객선이 다니지 않는 말도는 주문도에서 행정
선을 타고 들어가야 한다. 그 사실을 아는지 모르는지 우체통은 오늘
도 홀로 우편물을 기다리고 있다. 이날 해무가 조금 껴서 시야가 선
명하지는 않았지만, 그럼에도 약 2km 떨어진 말도 앞의 쌍바위가 한
눈에 들어왔다. 해무로 인한 몽환적인 분위기 속에서 선착장과 우체
통을 바라보니 무언가 형언할 수 없는 먹먹함이 가슴속에 차올라서
발걸음이 떨어지지 않았다.

4. 태극기 휘날리는 섬, 아차도(阿次島)

▲ 출처 : 구글어스

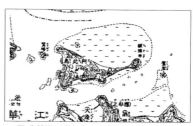

▲ 근세 한국 5만분의 1 지형도 속 아차도(1918년) 편집본

　　주문도와 볼음도의 사이에 위치하고 있는 아차도(阿次島)는 '주문도 옆의 작은 섬'이라는 뜻에서 소도(少島) 혹은 소도(小島)라고도 기록됐을 정도로 작은 섬이다. 동경 126° 13′, 북위 37° 39′에 위치하는 아차도의 면적은 0.67㎢, 해안선 길이는 4.6㎞이다. 작은 고추가 맵다는 속담이 있듯이 아주 작은 섬임에도 불구하고 한국전쟁 이전까지 아차도는 강화도에서 가장 부유한 섬이었다. 서도면의 면사무소 소재지가 1936년까지 아차도에 있었다고 하니 그 위세가 얼마나 대단했는지 어렴풋이나마 짐작해 볼 수 있다. 당시만 해도 아차도는 '서도의 돈광'이라 불릴 정도로 번성했다. 몰려드는 사람들을 상대하기 위한 양조장이 들어서고 술집, 마약, 투전 등이 성행하였다

고 한다. 파시 때 몰려든 배가 많게는 3~400여 척에 달했다 하니 적막함이 감도는 현재의 모습과 비교해 본다면 도무지 상상할 수 없는 광경이다. 이른바 잘 나가던 아차도의 영광은 1964년 이후 점차 시들해졌다.

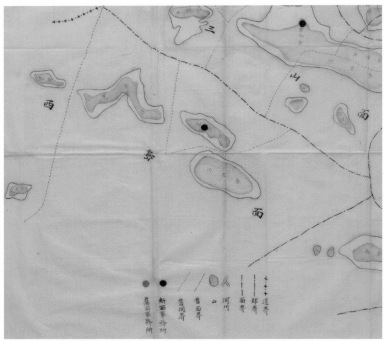

▲ 경기도강화군면동강계약도(조선총독부), 국가기록원(●은 면사무소 소재지)

▲ 출처: 경향신문 1964년 8월 6일 기사　　▲ 출처: 동아일보 1964년 9월 15일 기사

　　1964년은 유독 태풍이 많았던 해이다. 관측 이래 가장 많은 17차
례의 태풍이 왔는데, 그중에서도 '플로시'가 할퀴고 간 피해가 가장
컸다. 1964년 7월 말 불어닥친 플로시의 영향으로 어로저지선 남방 1
마일 해상인 함백·연평 어장에서 조업하던 어선 85척, 543명의 조난
자가 발생했다. 해군, 경찰, 경기도 해운국 및 민간 선박 등 50여 척을
동원하여 서해안 일대를 수색한 끝에 27척 236명을 구조하였으나
58척의 어선과 313명의 어부들이 돌아오지 못하였다.[57] 이들 중 일부
는 NLL을 넘어가 북측에 의해 구조된 후 억류되었다. 9월 15일, 어선
33척과 219명의 어부들이 돌아왔으나,[58] 태풍으로 많은 인적·물적
피해가 발생한 것은 어쩔 수 없었다. 게다가 동력선이 보급되면서 어
업의 전진기지로서 아차도의 가치가 떨어지게 된다. 아차도의 쇠퇴

에 결정적 역할을 한 것은 1970년 어로저지선이 주문도 최남단으로 설정된 것이다.[59] 어업을 생계 수단으로 삼던 사람들은 어장을 잃어버리자 하나둘씩 떠나게 되었고, 지금은 41명이 살아가는 정말로 작은 섬이 되었다.

▲ 아차도 꽃지해변

아차도에 도착한 뒤 주위를 둘러보니 내리는 승객은 거의 없었다. 아차도 선착장 오른편으로 넓은 밭이 나오는데 주민들에 따르면 이곳이 1936년까지 아차도에 있던 서도면사무소 터라고 한다. 밭을 지나 조금 더 들어가면 꽃지해변이 나온다. '좁고 길게 뻗어 나간 곳'이라 하여 꼬치 혹은 곶지라고도 불리는데, 좁다랗게 이어진 해변 양 옆으로 바다가 펼쳐진다. 해변을 따라 바닷물을 막기 위해 건설한 시멘트 제방을 따라가다 보면 소나무 한그루가 외롭게 서 있다. 사람의 손길이 닿지 않은 자연 그대로의 상태였다면 더 아름다웠으리라.

태극기 휘날리는 섬

선착장으로 되돌아와 마을로 가는 고개를 넘어간다. 마을로 들어가면 가장 먼저 태극기가 사람들을 맞이한다. 아차도는 2016년 태극기 마을로 지정되어 1년 365일 내내 마을 전체에 태극기가 휘날리고 있다. 나라 사랑의 정신을 기르고 순국선열의 넋을 기리는 동시에 지역 주민의 화합과 결속을 위해 태극기를 게양했다고 한다. 아울러 태극기 마을이라는 관광브랜드를 통해 지역경제가 활성화되기를 바라는 마음이 반영되어 있다. 그런데 최근 섬을 방문하는 사람 중 일부가 아차도의 태극기를 오해하는 일이 잦다 한다. 일부 정치 집단에서 태극기를 정치적 상징물로 사용하는 것과 아차도의 태극기를 관련지을 때마다 주민들은 그 의미가 퇴색되는 것만 같아 속상하기만 하다.

▲ 2016년 태극기 마을로 탄생한 아차도. 제방을 따라 게양된 태극기는 아차도의 또 다른 자랑이다.

▲ 아차도 마을 전경

▲ 아차도 교회

　스물여섯 가구가 살아가는 아차도 태극기 마을은 한눈에 들어올 정도로 작다. 그래서 더 소박하게 느껴진다. 이 작은 마을 입구에서부터 군데군데 빈집이 눈에 띈다. 아차도에 사람이 많이 살았을 때는 콩나물시루처럼 집들이 빽빽하게 들어섰다. 시간이 흘러 사람들이 섬을 떠나면서 빈집이 늘어나자 남은 사람들은 떠나간 사람들이 살던 집을 허물고 텃밭으로 바꾸었다. 집집마다 집 앞으로 텃밭이 자리하고 있는데 유심히 살펴보면 예전엔 집이었던 흔적을 발견할 수 있다.

　마을에서 가장 눈에 잘 띄는 것은 100년 이상의 역사를 지닌 아차도 교회이다. 1906년에 설립된 교회의 옆으로 세월의 흔적이 보이는 종탑이 함께 서 있다. 교회 목사님을 만날 수는 없었으나, 아차도 주민인 송동순 선생님을 만나 아차도에 관한 이야기를 들을 수 있었다. 마침 식사시간이 가까웠는데 "우리 집에 온 사람을 굶겨 보낼 수 없다"며 손수 상을 차려주신다. 그 따뜻했던 밥상은 잊혀지지가 않는다. 수원이 고향인 그녀는 시집을 오면서 아차도와 연을 맺기 시작했다. 먼저 간 남편을 생각하면 아직도 눈시울이 붉어지는 소녀 같은 분이었다. 시집을 올 때만 해도 아차도로 들어오는 길이 매우 험했다고 기억하는 그녀는 아차도가 이렇게 발전할 줄 몰랐다 한다. 아차도의 자랑거리로 교회 앞에 있는 무인가게인 '우리섬가게'와 '우리섬카페'를 소개했다. 이 가게들은 물건을 사려면 배를 타고 나가야 하는 주민들을 위해 교회 목사님이 직접 만들었다고 한다. 고령의 주민들이 많은 섬의 특성상 생필품이 필요할 때 손쉽게 구할 수 있도록 한 것이다.

▲ 태풍에 날아가 가게가 있었다는 흔적만 남아 있다.

▲ 우리섬가게의 정신은 날아가지 않고 남아 있다.

판매를 위한 것이 아닌 주민들의 편의가 목적이기 때문에 이윤을 남기지 않아 가격이 저렴했다. 오죽하면 방문객들이 섬 바깥보다 가격이 저렴하다고 생필품을 사가는 일이 부지기수였다고 한다. 아쉽게도 2019년 9월 서해안을 따라 북상한 태풍 '링링'의 영향으로 우리섬가게는 날아가 버려 지금은 가게가 있었다는 흔적만 남아 있다. 가게는 날아가 버렸지만, 주민들을 향한 목사님의 마음은 변함이 없다. 우리섬가게가 복구될 때까지 옆에 있는 우리섬카페에서 주민들이 필요한 생필품 목록을 받고 있다.

우리나라 최초의 태양광 발전소

　　서도면 유일의 카페인 우리섬카페를 이용하는 방법은 간단하다. 지키는 사람이 따로 없기에 정해진 가격에 따라 양심적으로 돈을 내고 가면 된다. 최근 도심에서도 무인으로 운영되는 아이스크림 할인점이나 편의점이 늘어나고 있다. 그런데 이 작은 섬에서는 벌써 몇 년 전부터 무인가게가 운영되고 있었다는 것이 놀랍다. 무엇보다도 CCTV 한 대 없는 무인가게에서 돈이나 물건이 없어진 적이 없다고 하니 대단한 일이 아닐 수 없다. 내부에는 주민들이 직접 그린 그림들로 꾸며져 있어 여느 카페 못지않은 분위기를 자랑한다. 카페를 찾는 사람들이 편리하게 이용할 수 있도록 냉장고와 전기 포트 등이 갖추어져 있다. 그런데 아차도에 지금처럼 전기가 공급된 것은 그리 오래된 일이 아니다.

▲ 우리섬카페

그렇다면 서도면에는 어떤 방식으로 전기를 공급해 왔던 것일까? 전기 공급에 대해 찾아보다가 1980년 5월 30일, 우리나라 최초의 태양광 발전소가 아차도에 설치되었다는 흥미로운 기사를 발견했다. 태양광 발전이란 태양전지를 이용하여 태양에너지로부터 직접 전력을 얻어낼 수 있는 전력방식을 말한다. 이전까지 주민들은 3kw 디젤 발전기에 전적으로 의존해왔다. 이마저도 가전제품의 사용이 점차 늘어나면서 과부하로 인한 발전기 고장으로 잦은 정전이 발생하는 불편이 있었다. 이렇게 전력 수급에 어려움을 겪던 도서 지역에 전기를 공급하기 위해 지속적인 연구·개발을 진행한 결과 우리나라 최초의 태양광 발전소를 아차분교 옥상에 설치하게 된 것이다. 새롭게 설치된 태양광 발전은 24시간 송전을 할 수 있는 4kw급 발전기로 39가구 119명의 주민이 혜택을 보았다. 설치 후 6년 동안 고장 없이 주민들에게 무상으로 전기를 공급하였으나, 생활 수준의 향상 등으로 인해 부하전력량이 증가하면서 결국 폐기되었다.[60] 다시 디젤 발전기에 의존하는 생활로 되돌아간 주민들의 불편함은 이루 말할 수 없었다. 하루 18시간만 가동된 발전기는 잦은 고장을 일으켰고, 수리를 위해 3일~1주일씩 전기를 사용하지 못하는 날도 부지기수였다.

1992년 한국전력은 서해 낙도지역인 서도면 4개 섬에 전기를 공급하기 위한 공사에 들어갔다. 석모도 삼산면에서 주문도를 거쳐 다시 아차도·볼음도·말도를 연결하는 구간에 총 8기의 철탑을 세워 22,900볼트의 초고압선을 가설한 것이다. 이 중 2기의 철탑은 바닷속에 있는 암초 위에 시공한 것으로 썰물 때만 작업을 진행하는 어려움이 있었다. 1993년 9월 21일, 어려운 공정 탓에 원래 계획보다 반 년 정도 늦어졌으나 드디어 서도면 4개의 섬에 전기가 공급되어 357 가구 979명의 섬 주민들이 혜택을 받게 되었다.

▼ 서도면에 전기를 공급하기 위해 암초 위에 세운 철탑

어느덧 30년 가까운 시간이 흐르면서 발전기를 사용했던 지난날들은 아차도 주민들에게 추억이 되었다. 우리나라 최초의 태양광 발전소가 설치된 아차 분교를 찾아가 보았다. 교회를 지나면 나오는 마을 중앙에 있는 정자 뒤편이 바로 아차 분교가 있던 자리이다. 아차 분교는 지난 2001년을 끝으로 폐교되었는데, 건물이 철거되고 주민대피시설이 들어서게 되면서 그 흔적을 찾아볼 수 없게 되었다.

▲ 아차도 분교 자리에 설치한 주민대피시설(좌)
　아차도 분교 옥상에 설치되었던 태양광 발전소(우)
　(출처: 2008년 6월 3일 서울경제 오늘의 경제소사)

선착장으로 되돌아가는 길에 언덕 위쪽으로 '충혼비'라고 쓰여진 비석이 보여서 올라가 보았다. 올라가 보니 '삼용사의 비'라는 비석과 함께 무덤 4기가 자리하고 있다. 『서도면지』에 의하면 '삼용사의 비'는 1962년 아차도 재향군인회원들이 시멘트로 축조하여 6·25 전몰용사 묘역에 세웠던 것을 1996년 아차도향우회에서 석비로 바꾼 것이다. 이듬해 현충일을 기하여 '충혼비' 제막식을 갖고, 뒤편에 아차도 출신 전몰용사들의 행적을 기록하였다고 한다. 무덤 3기는 한국전쟁 중에 사망한 삼용사(故 하사 김정선, 일등중사 박만준, 이등중사 박창

남)이며, 나머지 무덤 한 기는 1965년 근무 중 순직한 고(故) 일병 박정길을 모신 것이다.

▲ 아차도 충혼비

▲ 아차도 삼용사의 비

▲ 아차도 대합실

조금 더 섬을 둘러보다가 선착장에 있는 대합실에서 배를 기다렸다. 대합실은 아담했지만 차가운 바닷바람을 피하기 적당했다. 그런데 배가 올 시간이 다가오도록 매표소에 사람이 오지 않았다. 평소 아차도에서 배를 타는 사람이 많지 않기 때문에 아차도 대합실에서는 매표를 하지 않는다. 배 시간에 맞춰 선착장에 내려가 서 있으면 배가 사람을 태우러 접안하는데, 배에 올라 표를 구매하면 된다. 주문도로 향하는 배에 올라 멀어져가는 아차도를 바라보니, 처음 아차도에 내렸을 때 느꼈던 낯선 감정들은 어느새 그리움으로 변해 있었다.

5. 서도면의 끝섬, 말도(莻島)

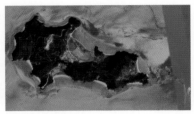

▲ 출처 : 구글어스

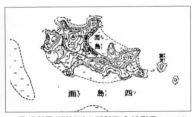

▲ 근세 한국 5만분의 1 지형도 속의 말도(1918년)
편집본

　　　마지막으로 만나볼 섬은 서도면의 끝자락에 있는 말도(莻島)이다. 강화 해역의 끝에 있다 하여 말도(末島)라 하기도 하며, 관청에 보고할 때 항상 늦어서 꾸지람을 듣는다 하여 꾸짖을 질(叱)자를 붙여 말도(莻島)라 부르기도 했다.[61] 동경 126°7′, 북위 37°41′에 위치한 말도는 인천에서 북서쪽으로 45km 떨어진 곳에 있는데, 황해도 연백군과는 불과 5km 떨어져 있을 뿐이다. 행정구역상 볼음출장소에 속한 말도는 면적 1.4㎢, 해안선 길이 5.9㎞의 작은 섬으로 현재는 17가구 22명만이 살고 있다. 말도는 과거 황해도와 강화 등지를 연결하는 교통의 중심지였을 뿐만 아니라 어업기지의 전초선으로 많은 사람들이 오고 가던 풍요로운 섬이었다. 그래서 술을 파는 기생이

30명 이상 있었던 시절도 있었다고 한다. 실제로 과거에는 지금 선착장 자리인 '대날레나루'에서 연평도를 왕래하기도 했다.[62] 주민들의 대부분은 농업에 종사하고 있다. 연로한 주민들이 가진 배도 없거니와 어로한계선 때문에 배를 띄우기도 어렵기 때문이다.

▲ 외포리 행정선 선착장

▲ 주문도 행정선 선착장

▲ 말도 선착장

민통선 안에 있는 볼음도와 달리 말도에는 일반 여객선이 다니지 않는다. 민통선 안에 위치한 것은 둘째치고 섬이 작고 인구가 적어 수지에 맞지 않기 때문일 것이다. 따라서 말도에 출입하기 위해서는 반드시 강화군에 사전 협조를 구한 뒤 강화군에서 주 2~3회 운행하는 행정선을 타야 한다. 일정이 맞아 운이 좋게 말도로 가는 행정선을 탈 수 있었다. 평소에도 동일한 항로로 운행하는지는 잘 모르겠으나 필자가 행정선을 탄 날에는 강화 외포리를 출발하여 주문도에 도착한 뒤, 다른 행정선으로 갈아탄 후에야 목적지인 말도에 들어갈 수 있었다. 대략 한 시간 정도 배를 달려 도착한 말도 선착장에는 적막함이 감돌고 있었다. 한쪽에 우두커니 홀로 서 있는 지뢰경고안내판과 해안선을 따라 설치된 경계초소들을 보니 다른 섬에서 느끼지 못한 남과 북의 팽팽한 긴장감이 더욱 잘 느껴졌다.

▲ 지뢰 경고 안내판

▲ 말도등대교회

마을로 들어가면 가장 먼저 만나는 것이 말도등대교회이다. 1967년 설립된 말도등대교회는 목회자가 없어 폐지와 재개를 거듭해오다가 2000년에 폐교되어 방치되어 있던 말도분교 부지를 임대받아

예배당으로 사용해왔다. 2012년 강화군 서도면 말도리 84-7에 위치한 현 부지를 매입한 뒤 군부대의 도움으로 이듬해에 완공하였다. 사택과 선교관, 예배당을 갖추고 있는데 지금은 주민들과 해병대 장병들이 이용하고 있다.

교회를 살펴본 후 말도를 소개해주기로 한 홍근기 이장님을 만났다. 이장님은 말도 원주민은 아니지만 낚시를 워낙 좋아해 형님과 주문도에 왔다가 옆에 경치 좋은 섬이 있다고 해서 말도에 처음 오셨다고 했다. 그러다 자신도 모르게 정이 들게 되어 말도에 정착하게 됐다 한다. 그는 섬 구석구석을 소개해주면서 많은 이야기를 해주었다. 마치 미리 준비한 것처럼 질문에 대한 답이 거침없이 나온다. 알고 보니 말도에 정착하기 전부터 책이나 신문을 통해 말도를 공부하고, 막히는 것이 있으면 주문도나 볼음도에 사시는 어르신들을 찾아다니면서 궁금증을 해소했단다.

말도를 향한 이장님의 사랑이 잘 느껴졌다. 교회를 지나면 옹기종기 집들이 모여 있는데, 대다수 말도 주민들이 살아가고 있는 이곳을 '안말'이라 부른다. 마을에서 넓적한 지붕을 덮어씌운 가로로 기다란 독특한 집 몇 채가 보인다. 지붕은 하나인데 가운데 벽을 기준으로 공간이 나뉜다. 이장님에 따르면 예전에는 북에서 공작원들이 내려오는 일이 비일비재했기 때문에 북에서 가까운 주민들의 불안은 이루 말할 수 없었다고 한다. 그래서 박정희 전(前) 대통령 당시 두 집을 하나로 묶어서 한 집에 간첩이 들어오더라도 다른 집에서 군부대에 신고할 수 있도록 만든 것이라 한다. 분단의 비극이 낳은 가옥구조인 셈이다.

▲ 한 지붕 아래 두 집이 있는 특이한 가옥구조

▲ 출처: 동아일보
1972년 5월 5일 기사

안말에는 폐교된 말도분교도 있다. 1948년 볼음국민학교 말도분교장이 인가되어 개교된 이래 1990년까지 학교로 활용되었다. 이미 폐교되어 학교에 대한 자세한 이야기는 알 수 없으나 예전 신문에서 말도분교에 대한 이야기를 몇 개 찾아볼 수 있었다. 그 중 1972년 5월 5일 기사가 눈에 띈다.[63] 광진구에 있는 경복국민학교 학생들이 봄 소풍 갈 돈을 모아 말도분교의 어린이 15명을 서울로 초청했다.

어린이회에서 교감선생님에게 낙도 어린이들은 어린이날이 와도 "육지를 바라보며 어린이 노래를 부르는 것이 고작"이란 얘기를 듣고서 결정한 것이었다. 학수고대하던 봄 소풍을 포기하고 낙도 어린이들을 초청한 아이들의 마음이 느껴지는 것 같아 덩달아 마음이 따뜻해진다. 폐교 후 교회의 예배당으로 사용됐었기 때문에 아직도 십자가를 달았던 철탑이 남아 있다. 아이들이 뛰어놀던 운동장으로 쓰였을 공터에는 잡초만 무성하게 자라 있고, 한쪽 구석에는 버려진 우물만이 학교를 지키고 있다. 사진 속에 해맑게 웃고 있는 아이들은 다들 어디에서 무엇을 하면서 살아가고 있을까?

▲ (구)말도분교

평화호, 다시 항해할 날을 기다리다

말도는 주문도, 볼음도, 아차도와 달리 유독 비포장 도로 구간이 많았다. 이뿐만이 아니다. 마을회관, 노인정, 주민대피소 등 주민 관련 시설도 찾아볼 수 없다. 다른 시설들은 차치하더라도 북한과 마주하고 있는데도 불구하고 주민대피소가 없다는 상황은 아이러니하다. "포격이 시작되더라도 잠잠할 때까지 기다렸다가 군부대로 뛰어 올라가야 한다"며 쓴웃음을 짓는 이장님은 이 때문에 걱정이 많다. 불안에 떠는 주민들의 이주 요청이 끊이지 않기 때문이다. 겨우 20여 명 남짓 살아가는 섬에서 주민들이 떠나간다면 결국 무인도가 될 수밖에 없다. 섬에 들어와 살게 하지는 못하더라도 살아가고 있는 사람들이 떠나지 않도록 최소한의 지원은 필요하지 않을까?

▲ 쌍바위 바로 뒤로 보이는 볼음도

말도분교 뒤편으로 말도의 랜드마크라고 할 수 있는 쌍바위 해변으로 가는 길이 있다. 섬 동쪽에 외롭게 서 있는 쌍바위 뒤로 볼음도

가 손에 닿을 듯 가까이 있다. 쌍바위는 갈라져 있어서 갈래바위라고
도 불린다. 이장님에게 물어보니 볼음도와 말도의 거리는 채 2km가
되지 않는다고 한다. 2009년까지만 해도 볼음도와 말도 사이를 운행
하던 '평화호'가 있었으나 지금은 운행하지 않는다. 평화호가 사라진
이후 말도 주민들의 불편함은 이루 말할 수가 없다. 행정구역상 볼음
출장소에 속해있는 말도 주민들은 혈압약 하나를 받으려 해도 주문
보건지소가 아닌 볼음보건지소로 가야 한다. 그러려면 행정선을 타
고 주문도에 가서 볼음도로 가는 배로 갈아타야 하는데, 주 2~3회 밖
에 없는 행정선을 타지 못하면 숙박까지 해야 한다는 것이다. 이 때
문에 이장님은 볼음도를 왕래할 수 있는 전마선(傳馬船)의 운행을 군
청에 요구하고 있으나 한번 없어진 노선을 복구하는게 여간 쉽지 않
단다. 평화호가 출발하던 선착장이 아직도 안말 앞에 쌓은 제방 옆쪽
으로 남아 있다. 운항이 중단된 지 10년 이상 지나면서 파도에 여기
저기가 파손되었다. 하루빨리 '평화호'가 부활하여 주민들의 삶이 조
금이나마 편안해지길 기대해 본다.

▲ 말도 쪽 선착장

▲ 볼음도 쪽 선착장

말도에 관한 책을 쓴다고 하니 특별히 더 보여줄 것이 있다는 이 장님을 따라가 보았다. 말도등대교회를 지나 선착장 방향으로 가다 보면 노적산으로 올라가는 길이 나온다. 수북히 쌓아 올린 곡식더미를 뜻하는 '노적가리'처럼 생긴 것에서 '노적'이란 이름이 유래하였다. 이렇게 외딴곳에 뭐가 있을까 싶을 정도로 험한 길이었다. 이 노적산 중턱의 골짜기를 넘어가면 평평한 터가 나오는데 주민들은 이곳을 '요골'이라고 부른다. 예전에 말도가 무역의 거점이었을 때 도자기를 굽던 가마가 있었기 때문에 '가마요(窯)'자를 써서 '가마가 있는 골짜기'라는 뜻의 요골이라 불려왔다는 것이다. 이장님이 가마터라고 알려준 곳으로 가보았다.

산 능선을 따라 평평한 터가 3단 정도 남아 있었는데, 그 기단부를 돌로 쌓은 흔적이 남아 있다. 자세히 살펴보지는 못했으나 말도에 가마터가 있었다는 기록이 전무하다는 점과 주변에서 도자기 편을 발견하지 못했다는 점으로 미루어보아 가마터보다는 건물지가 아닌가 추측된다. 다만, 그 성격에 대해서는 추후 조사가 더 필요해 보인다.

▲ 돌무더기 옆쪽으로 평평한 단이 확인된다.

얼마 떨어지지 않은 곳에서 이장님이 또 다른 흔적을 보여주었다. 돌담으로 둘러쌓은 건물 유적이었다. 돌을 층층이 쌓은 뒤 사이사이를 흙으로 메꿔놓은 것이 세 군데에 있었다. 도자기를 굽던 사람들이 머물렀던 숙소인지 아니면 농사를 지으러 요골로 넘어온 사람들이 쌓은 것인지는 알 수 없었다. 다만, 개인적인 판단으로는 말도에서 양과 염소를 길렀다는 기록에 주목해볼 필요가 있을 것 같다. 『여지도서』에 따르면 말도에 양과 염소를 놓아 길렀다는 기록이 있는데,[64] 이 시설이 양과 염소를 가두던 시설 혹은 목자들이 거주했던 시설이 아닌가 여겨진다. 좀 더 자세히 살펴보고 싶었으나 시간이 여의치 않아 아쉬움을 뒤로한 채 내려올 수밖에 없었다. 이와 관련하여 추후 좀 더 세밀한 조사가 필요할 것 같다.

▲ 건물유적

비무장지대 푯말 제1호

서도면의 끝 섬인 말도는 북한과 불과 4km 남짓 떨어져 있다. 날씨만 좋으면 육안으로도 북한을 볼 수 있을 정도로 가깝다. 한국전쟁 이후 한반도를 가로지르는 155마일 휴전선의 시작이 말도라는 것을 아는 사람은 많지 않다. 1953년 7월 27일, 3년 넘게 계속되던

▲ 출처: 경향신문 1989년 6월 24일

한국전쟁의 휴전협정이 체결되면서 남과 북은 휴전상태에 들어갔으며, 그 사이로 휴전선이 그어졌다. 멀리 북한이 바라보이는 말도 서남쪽 해발 100m 고지에 비무장지대 푯말 제1호가 자리 잡고 있다.[65] 처음에는 나무로 말뚝을 세웠으나 비바람에 썩어버려 쇠말뚝으로 바꾸었다 한다. 이 비무장지대 푯말 제1호가 세워져 있다는 100m 고지는 현재 군사시설이 들어서 있어 출입할 수 없다. 군부대에 협조를 요청하였으나 일정이 맞지 않아 무산되었다. 가끔 중장비를 빌려주러 군부대에 출입한다는 이장님에게 푯말을 본 적이 있는지 물어봤으나 본적이 없다 해서 지금은 철거된 줄 알았다. 혹시 몰라서 말도 소초장에게 연락해 보니 다행히도 푯말이 남아 있었다. 아쉬운 마음에 사진만이라도 보내줄 수 있는지 문의하니 흔쾌히 사진을 보내주었다. 이 글을 통해 다시 한번 감사의 인사를 전한다.

<비무장지대 푯말 제 1호>는 높이 3.5m로 상부는 X자형이며 하부에는 '한강 하구 미등록 선박 접근금지'라 쓰여 있다. 이 글씨가 바다에서 보일리 만무한데 이렇게 적어 놓은 이유는 무엇일까? 강화도 덕진돈대 앞에 있는 해문방수비 역시 이와 유사한 경고문이 적혀져 있다. 이 비석에는 "해문방수타국선신물과(海門防守他國船慎勿過)"라 쓰여 있는데, 바다의 문을 막아 지킬 것이니 다른 나라의 배는 삼

가 지나지 말라는 의미이다. 이는 다른 배들이 이 비석을 보라는 것이 아니라 조선 정부에서 외국 선박의 출입을 통제하겠다는 척화의 의지를 표현한 것이다. 마찬가지로 비무장지대 푯말 역시 대한민국 영토 수호의 의지를 담은 것이다. 한국전쟁이 끝난 후 설정된 NLL은 서도면의 운명을 바꿔 놓았다. 황금 어장을 코앞에 두고도 대다수가 농사를 지으며 살아가는 서도면 주민들이 다시 바다로 나갈 수 있는 것은 언제가 될까?

▲ 비무장지대 푯말 제1호의 현재 모습
사진 협조 고준석 말도소초장

▲ 강화 덕진돈대 앞의 해문방수비

참고문헌

『각사등록』
『강도지』
『경기읍지』
『고려사』
『비변사등록』
『삼국사기』
『선화봉사고려도경』
『속수증보강도지』
『승정원일기』
『여지도서』
『조선왕조실록』

『경향신문』
『동아일보』
『매일신보』
『인천일보』

강화군 군사편찬위원회, 『신편강화사 증보(上)』, 강화군, 2016.

강화군·육군박물관, 『강화도의 국방유적』, 2000.

김주홍, 「강화·김포의 봉수·요망대와 관방체계」, 『강화해양관방유적과 국내 유
　　　사유적 비교』, 강화고려역사재단 제9차 학술회의, 2016.

남도영, 『한국마정사』, 한국마사회마사박물관, 1996.

박상일, 「조선시대의 봉수운영과 유적현황-제5거 봉수노선을 중심으로-」, 『박물 관보』7, 청주대학교박물관, 1994.

배우성, 「조선후기 연해·도서지역에 대한 국가의 인식 변화」, 『도서문화』15, 목 포대도서문화연구원, 1997.

서도면지편찬위원회, 『서도면지』, 2014.

이경수, 『강화도史』, 역사공간, 2016.

인천광역시, 『미추홀2000년정명600년』, 인천광역시사편찬위원회, 2013.

인천광역시 강화군, 『인천광역시 강화기본통계』, 강화군 기획예산실, 2019.

인천광역시립박물관, 『인천광역시립박물관 조사보고21-강화의 마장(지표조사보 고서)』, 2007.

임학성, 「조선시기 경기 도서지역의 공간인식 변화-국영목장 설치에서 수군진 설치로-」, 『도서문화』43, 2014.

정명웅, 「아차도 태양광 발전 시스템의 운영실태와 분석」, 『전기저널』122, 1987.

총독부기록물, 「강화군(江華郡) 외 2군 면 폐합에 관한 건」(1914), 국가기록원.

서도면의 행정구역은 분명 근대의 산물이다.
우리 조상들은 서도면에 해당하는 섬들만 따로 생각하지 않았다.
그래서 옛 기록을 살펴 볼 때 현재의 서도면에 해당하는 섬만 뽑아서 고찰해 본다는 것이
어떤 의미가 있을까 고민이 되었다.

제2장

옛 기록에 보이는
서도면

홍인희

讀緣由馳啟教以嚴飭課讀成誦後狀聞事面論

命江華極活人金景國等加資

兵曹啟言觀此江華留守金履翼狀啟則本府居

鄭大壽等十八名騎船出往加佐峴風雨大作船

隻漂流嘉義井浦別將金景國促櫓入救良音島

居宋世得等男女二十六名往于雜珍島檸風大

作所騎船隻幾至覆沒本島居開良曹得信飛楫

疾入俱爲拯出白川居鄭重泰等十六名同騎一

船到昇天浦風濤接天橫觸嶼隱嶼出浸波頭本府

1. 옛날 서도면에는 어떤 사람들이 살았을까

       강화도는 섬이지만 강화대교와 초지대교를 통해 자동차로 쉽게 갈 수 있어 섬이라는 생각이 별로 들지 않는다. 강화도에 속한 석모도, 교동도는 2014년에 교동대교, 2017년에 석모대교가 놓이면서 배로 들어가야 하는 강화도의 부속 섬은 이제 서도면의 섬들과 삼산면의 서검도·미법도 뿐이다. 그 중에서 서도면에 해당하는 주문도, 볼음도, 아차도, 말도를 알고 있고, 또 가본 사람은 얼마나 될까. 그야말로 섬 속의 섬이다.

▲ 외포 선착장 삼보해운

▲ 삼보해운 객실 모습

       이제는 교동도와 석모도도 다리가 놓여 자동차로 쉽게 방문할 수 있게 되어 외포리 항구는 쓸쓸하기만 하다. 여름 성수기 휴가철이나 명절 때는 일시적으로 배편이 증편되기도 하나 아직도 강화군 서도면으로 들어가는 배는 말도를 제외하고 오전, 오후 하루 2번만 운행된다.

물때가 맞지 않으면 외포리 선착장, 선수 선착장에서 번갈아 가면서 배가 뜨고, 정박한다. 당연한 이야기겠지만 서도면 섬들은 지금도 날씨가 허락하지 않으면 배가 운행하지 않아 갈 수 없다. 실제로 필자가 두 번째 볼음도를 답사하기로 한 날 짙은 안개로 오전 배가 결항되어 오후 배를 기다려야만 했다.

▲ 외포리 선착장 매표소에 짙은 안개로 결항한다는 표지판이 걸렸다.

과거나 지금이나 이러한 단절된 상황을 자연스럽게 받아들이는 섬사람들은 불편하게 느끼는 것이 아니라 자연의 섭리처럼 생각하고 산다. 그나마도 지금은 정기선이 있기 때문에 섬은 고립에서 벗어날 수 있다.[01] 그렇다면 그 옛날 사람들은 어떻게 이 섬들을 인식하고 방문했고 또 거기에서 살았을까.

지금 서도면 유인도 4개 섬에는 643명 정도의 주민들이 살고 있다.[02] 선대에 이 섬에 들어와 그때부터 쭉 살았던 분들도 계시고, 각각의 사연으로 최근에 이 섬에 들어와 살게 되거나, 고향이 이곳이라 외지에 나갔다가 다시 돌아오신 분들도 계신다. 저마다 계기는 다르지만 옛날부터 여기는 사람이 살던 곳이었다.

▲ 말도 선착장에 도착한 강화군 행정선

　서도면에는 9개의 무인도도 포함되어 있지만 이 글에서는 주문도, 아차도, 볼음도, 말도 4개 유인도를 중심으로 이 섬들이 옛 기록에는 어떻게 나타나고 있는지 살펴보려고 한다. 서도면을 주제로 삼았을 때 과연 어떤 내용을 가지고 접근해야 할지 막막했다. 국방상 중요한 지역이라는 인식은 있었지만 지금도 방문하기 어려운 이곳 섬들에 대한 자료가 없어 어려움이 많았다. 지배층 중심의 역사적 기록만 남아 있다 해도 과언이 아닌 옛날 기록 속에서 이들 섬에 대한 기록을 찾아내는 것이란 드넓은 백사장에서 보석을 찾아내는 작업이었다. 기록을 찾았다고 하더라도 그 내용이 소략해서 과거의 섬 모습을 상상해 내기란 여간 어려운 일이 아닐 수 없었다.

2. 지지(地誌)에 나타난 서도면 섬들의 특징

  옛 기록은 관에서 편찬한 것과 민간에서 편찬한 것으로 나눌 수 있다. 옛 기록은 철저하게 지배자의 시선이며 생각이다. 민간에서 편찬했다 하더라도 전근대 사회에서 책을 편찬할 수 있을 정도의 학식과 재력이 있다면 그 편찬자 또한 지배층일 확률이 높다. 책과 문자는 철저하게 지배층의 전유물이었기 때문이다. 그에 비해 서도면의 섬들은 변방이며, 지배자의 시선에서 봤을 때 변방의 섬들은 국방상 방어의 목적이 아니면 크게 주목할 이유가 없는 섬들이다. 정기적인 배편이 있는 지금도 이들 섬에 살거나 한 번 가보기 힘든데, 옛날에는 오죽했을까.

  실제로 1796년(정조 20) 볼음도에 살고 있던 송세득 등 남녀 26명이 잡진도(雜珍島)로 가던 중에 거센 바람을 만나 위급한 상황이었는데, 한량 조득신이 다가가 모두 구했다는 내용이 『일성록』에 보인다.[03] 또 1799년(정조 23)에는 볼음도 거주민 32명이 석화를 따기 위해 한 배를 타고 가다가 풍랑을 만나 배가 뒤집혀 모두 바다에 빠졌다. 이때 전낙추라는 사람이 배를 타고 가서 모두 건져 살렸다고 한다.[04] 지금도 그렇지만 당시에 풍랑을 만나 바다에 빠진 사람을 구해 내는 것은 흔하지 않은 일이었다. 얼마나 대단한 일이었으면 『일성록』에 실렸겠는가. 그랬기에 물에 빠진 사람들을 구해낸 사람은 모두 관계(官階)를 올려 주었다.

서도면의 섬들은 우리가 흔히 말하는 『조선왕조실록』, 『비변사등록』, 『승정원일기』, 『일성록』 등과 같은 조선시대 유명한 관찬 사서에 많이 등장하지 않는다. 등장하더라도 단편적인 내

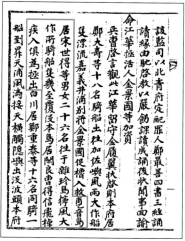

▲ 『일성록』 정조 20년 볼음도 송세득 풍랑 기사

용이거나 국방상 방어 목적을 실현하기 위한 내용이 대부분이다. 하지만 지지(地誌) 자료에서는 지역을 나열하여 각 지역별 특성을 기입하는 것이기 때문에 서도면이 빠지지 않고 등장한다. 그래서 이들 자료를 통해 대략적으로나마 서도면 인식의 변천을 알아보는 것은 의미 있는 일이다.

지지(地誌)란 특정 지역의 인문 지리적 현상을 분류하고 연구 기록한 서적을 말한다.[05] 쉽게 말해서 지리지(地理志)이다. 이 글에서는 시대별 대표적인 지지에 나타난 서도면 섬들을 비교해 볼 것이다. 강화도는 중요한 섬이었지만 강화도 중에서도 서도면만을 대상으로 삼다보니 지지에 나타난 내용이 상당히 소략하다. 지금까지 서도면에 대해서 크게 주목하지 않았기 때문에 서도면에 관한 지지 내용을

한눈에 살펴 볼 수 있다는 점에 의미를 두고 접근했다.

과거 지리지를 보면 당시 사람들이 국토를 어떻게 인식하고 있는지 볼 수 있다. 이것은 아마도 그 땅에 대한 이용과 개발, 그리고 수취의 대상으로서 인식했는지 여부에 따라 그 내용이 정해 질 것이다. 특히나 관찬 지리지는 말할 것도 없다. 지리지 별로 각 지리지가 편찬된 목적을 다각적으로 고찰해 본다면 그 내용이 갖는 의미도 더 깊게 생각해 볼 수 있다. 단순한 내용의 반복이라고 치부할지 모르는 지지 속 서도면 섬들의 내용은 이렇게 새로운 가능성을 품고 우리 앞에 놓여있다.

고려시대 이래로 보장처라는 인식이 강했던 강화도는 이러한 특수한 인식 때문에 개인이 편찬한 지지가 그래도 다른 지역에 비해 많이 남아 있는 편이다. 그러나 지리지를 쓰고 편찬까지 할 수 있을 정도면 앞에서도 언급했다시피 그 필자는 개인이라 하더라도 관료이자 지식인이기 때문에 지배층 마인드를 벗어나기는 쉽지 않을 것이다. 그래도 그러한 기록이나마 남아 있어서 이들 섬에 대한 기록을 볼 수 있음을 다행으로 여길 따름이다.

현존하는 역사서 중에 『삼국사기』에도 지리편이 있으나 서도면 섬들에 관한 내용이 보이지 않으므로 『삼국사기』는 제외했다. 그래서 『고려사』 지리지부터, 『세종실록』 지리지, 『신증동국여지승람』 이형상의 『강도지』 『여지도서』의 강도부지, 김노진의 『강화부지』 김정호의 『대동지지』를 시대 순으로 살펴보려고 한다. 당연한 것인지 모르지만 후대로 갈수록 서도면 섬들에 대한 정보는 늘어난다.[06] 사람도 더 많이 살게 되고 섬의 중요성도 더 늘어나게 된 것으로 볼 수 있다. 또한 당시 사람들이 서도면을 어떻게 인식하고 있는지도 어렴풋하게나마 느낄 수 있기를 바란다.

(1) 고려사

"강화현(江華縣)은 …… 구음도(仇音島)·파음도(巴音島)·금음북도(今音北島)·매잉도(買仍島)가 있다. 속현(屬縣)이 3개이다."[07]

『고려사』에서 서도면에 해당하는 섬을 언급한 부분은 위와 같다. 파음도가 바로 서도면에 위치한 볼음도이다. 구음도는 매음도의 옛 이름이고,[08] 금음북도는 석우도이며 매음도 가운데 있었다고 하며,[09] 매잉도는 미법도를 말한다.[10] 결국 『고려사』에서 서도면 행정구역상 나타나는 섬은 파음도라 불리던 볼음도 뿐이다. 강화현에 소속된 섬 이름만 있고 별다른 정보가 없다.

『고려사』 지리지에는 서도면뿐만 아니라 다른 섬들도 명칭만 기록되어 있을 뿐, 섬과 관련된 내용은 기록되어 있지 않다. 이에 대해 『고려사』는 조선 전기에 편찬되었기 때문에 『고려사』의 찬자나 조선 전기 지배층의 인식일 뿐 고려 당대 사람들의 인식과는 좀 다르다고 보는 견해도 있다.[11] 『고려사』는 실제로 고려시대에 남긴 기록을 참고하긴 했지만 고려시대 사람들이 쓴 것이 아니라 조선시대 사람들이 조선의 입장에서 편찬했다.

『고려사』에 포함된 지리지는 이후 지리지들과는 편찬 목적이 약간은 다르기 때문에, 여기에는 섬의 이름만 언급하는 것에 그친 것이 아닌가 한다. 강화군 서도면 섬들에는 해당하지 않을 수도 있지만, 오랜 시간 섬 조사를 해온 한 연구자는 섬에 남아 있는 인상적인 유물·유적들이 대부분 고려 이전의 것이라고 언급했다.[12]

고려시대 이전으로 간다면 기록은 더 적게 남아 있다. 기록으로 남아 있지 않다고 섬이 없었던 것은 아니며 그곳에도 사람은 살고 있었다. 실제로 주문도에서는 신석기시대를 대표하는 빗살무늬토기가 발견되었다.[13] 기록이 남아 있지 않기 때문에 당시 섬에 살던 사람들의 생활을 고증해 줄 수는 없지만 그때의 생활을 상상해 볼 수는 있을 것이다.

(2) 세종실록 지리지

"서쪽 물길 7리에 주문도(注文島)가 있으며,【둘레가 30리이다.】또 서쪽 물길 30여 리에 파음도(巴音島)가 있고,【둘레가 40리며, 밭 1백 6결(結)이 있는데, 우도 수군영(右道水軍營)의 밭이다. 교동 수군(喬桐水軍) 8호(戶)가 들어가 산다. 옆에 작은 섬이 있는데, 길이 5리, 너비 2리이며, 밭 5결(結)이 있는데, 교동 수군(喬桐水軍) 4호가 들어가 산다.】또 서쪽 물길 15리에 말도(末島)가 있으며,【둘레가 10여 리인데, 밭 3결(結)이 있는데, 교동(喬桐) 사람들이 드나들면서 농사를 짓는다.】"[14]

『세종실록』 지리지에는 주문도와 볼음도(파음도), 말도가 나온다. 아차도는 언급되지 않았으나 볼음도 작은 글씨 부분에 "옆에 작은 섬이 있다"는 내용이 있다. 이것이 아차도를 가리키는 것으로 보인다. 지리지에서 중요한 것은 일단 위치이다. 이 섬들은 모두 서쪽에 있으며 물길로 7리에 주문도, 30여 리에 볼음도, 15리에 말도가 있음을 알려준다. 그리고 섬의 둘레를 명시했다. 주문도는 30리, 볼음도는 40리, 말도는 10여 리라고 명시했으며, 볼음도 옆 작은 섬은 둘레를 언급하지 않고 길이 5리, 너비 2리라고 면적을 다르게 표현하고 있다. 이것으로 보아 섬의 면적 또한 국가의 조사 대상이었음을 알 수 있다. 실제로 현재 주문도는 둘레가 12km, 볼음도는 13.6km, 아차도는 4.6km, 말도는 5.9km인데 이것을 각각 리(里)로 환산해보면 30리, 34.6리, 11.7리, 15리이므로 얼추 비슷하다.

　　볼음도와 말도는 밭의 면적을 각각 1백 6결과 3결이라고 표시해주었다. 밭은 볼음도에서는 우도 수군영의 밭이라고 명시했고 옆의 작은 섬에 있는 밭은 목적을 표시 하지 않았지만 교동수군 4호가 살고 있다고 하는 것으로 보아 여기에 언급한 밭도 둔전의 성격이 크다고 볼 수 있다. 그리고 볼음도에는 교동수군 8호가 살고 그 옆 섬에는 교동수군 4호가 살고 있다고 밝히고 있는데 주로 섬을 지키는 군인들이다. 이를 통해 당시 서도면 섬들에 일반 백성보다는 주로 군인이 방어의 목적으로 주둔했음을 알 수 있다.

▲ 말도 선착장 주변 경작지

말도의 경우 교동 사람들이 드나들면서 농사를 짓는다는 것으로 보아 1년 내내 상주하는 인구는 없고, 농번기에만 입도하였다가 농한기에는 교동에 돌아가서 살았던 것으로 볼 수 있다. 말도는 지금도 정기 항로가 없고 행정선이 주 2회(하절기 주 3회) 입도하기 때문에 농한기에는 육지에 나와서 생활하다가 농번기에는 입도하여 생활하는 주민들이 있다. 2020년 2월 필자가 답사했을 때도 농번기에는 22명 정도 상주하는데 당시에는 농한기라서 17명 정도 상주하고 있다고 말도리 홍근기 이장님이 설명해 주셨다. 말도를 방문했던 날은 날이 흐려서 잘 보이지 않았는데도 불구하고 말도 옛 선착장에서 교동이 바로 보일 정도로 가까워 보였다. 이제는 쓰지 않는 옛 말도 선착장에 서니 『세종실록』 지리지를 편찬했을 무렵에 조선시대 사람들이 교동에서 말도까지 배를 타고 와서 농사를 지었구나 생각이 들었다.

▲ 옛 말도 선착장, 저멀리 어렴풋이 교동이 보인다.

내용은 소략하지만 이로 인해 서도면 섬들은 그 위치와 섬 전체 면적, 경작지 유무와 면적, 경작지의 성격, 살고 있는 사람 등이 기록의 대상이었음을 알 수 있다. 그래서인지 조선 초기 국가의 섬에 대한 관심은 오직 목장과 같이 국용(國用)에 유용한지 여부에만 집중되어 있을 뿐 백성의 삶터라는 인식은 없었다고 보기도 한다.[15]

▲ 『경상도 지리지』
(서울대학교 규장각한국학연구원 소장)

남아 있는 자료 중에 서도면 섬들에 대한 인식과 실태에 관해 처음으로 드러난 것은 아마도 『세종실록』 지리지일 것이다. 조선시대 실록은 왕의 사후 편찬을 시작하기 때문에 『세종실록』도 세종이 죽은 이후 편찬을 시작했다. 그런데 세종은 업적이 많아 『세종실록』에만 모두 담기 부족했는지, 『세종실록』에 부록처럼 오례의(五禮儀), 악보(樂譜), 칠정산(七政算), 지리지 등이 같이 수록되었다. 이런 부록이 『세종실록』에 편제 되어서 지금까지 이어져 내려와 우리가 볼 수 있다.

그러나 엄밀히 말하면 『세종실록』 지리지가 당시 최초의 기록은 아니다. 그 이전에도 지리지는 있었는데, 현존하지 않을 뿐이다. 『세종실록』 지리지는 기존에 있던 지리지를 참고해서 편찬했다. 거의 모든 분야에 관심이 많았던 세종은 지리지 분야에도 업적을 남겼다. 1424년(세종 6) 세종은 대제학 변계량(卞季良, 1369~1430)을 불러 옛날 노인이 점점 없어지고 있으니 지지(地志)와 주(州)·부(府)·군(郡)·현(縣)의 연혁을 찬술하라고 명했다.[16] 이후 1432년(세종 14) 맹사성, 권진, 윤회, 신장 등이 『신찬팔도지리지』를 새로 찬수하여 세종에게 올렸다.[17] 안타깝

계도 현재 이 책은 전해지지 않고 『신찬팔도지리지』 중 『경상도지리지』만 남아 있다. 『경상도지리지』와 『세종실록』 지리지를 비교해 보면 비슷한 점이 많이 발견된다. 『세종실록』 지리지는 『신찬팔도지리지』를 기본으로 하되 편찬에 시간차이가 있으므로 그 사이에 바뀐 내용은 추가해서 편찬한 것이다.[18] 이렇게 편찬된 『세종실록』 지리지를 통해 조선 초기 서도면 섬들의 모습을 어렴풋하게나마 짐작해 볼 수 있게 된 것이다.

(3) 신증동국여지승람

"주문도(注文島)【매도 서쪽 7리에 있는데, 정포영전(井浦營田)이 있고 또 목장이 있다.】 보음도(甫音島)【주문도 서쪽에 있는데 둘레가 17리다. 좌도수군영전(左道水軍營田)이 있고 또 목장이 있다.】 말도(末島)【부의 서쪽 5리에 있는데, 둘레가 43리다.】[19]

『신증동국여지승람』 산천(山川)에 주문도, 볼음도, 말도가 보인다. 먼저 위치를 설명했는데, 『세종실록』 지리지와 다르게 각 섬의 위치를 나타내기 위한 기준이 각기 다르다. 『세종실록』 지리지는 모두 서쪽 수로라는 동일한 기준이 있기 때문에 비교하기 수월했다. 하지만 『신증동국여지승람』에서 주문도는 매도 서쪽 7리에 있다하고, 볼음도는 주문도의 서쪽에 있다고 했으며, 말도는 부의 서쪽 5리에 있다고 해서 모두 제각각이다.

주문도에 있는 정포영전과 볼음도의 좌도수군영전을 보아 경작할 수 있는 토지는 여전히 둔전의 성격이었음을 알 수 있다. 『세종실록』 지리지와 다른 점이 있다면 주문도와 볼음도에 목장이 존재함을 알려 주고 있다. 이 당시에는 아마도 말을 기르는 말 목장일 가능성도 배제할 수 없다. 조선 초기 명나라의 징마 요구와 조선군 기병을 위한 말을 기르기 위해 말 목장이 확장 됐다.[20] 그때 강화도 전체를 말 목장으로 만들려고 했으나 반대에 부딪혀 강화도 부속 섬까지 목장이 확대됐는데, 이때 주문도, 볼음도까지 목장이 설치된 것으로 보인다.

실제로 볼음도에 방문했을 때 볼음도에서 태어나 지금까지 살고 계신 이문철 님(1938년생)이 목장지로 추정되는 장소를 안내해 주셨다. 이곳은 자연적인 형세가 ㄷ자 모양으로 앞으로 봉화산과 뒤로 선창산이 있고 두 산 사이 한쪽 면은 바다로 막혀있어 한쪽 방향만 막으면 목장으로 사용 할 수 있는 공간이었다. 토질도 모래 땅이라 농사를 지으면 가뭄을 잘 탄다고 했다. 지금도 땅 표면은 모래로 덮여 있었다. 안내해 주신 이문철 님이 어렸을 적에 이곳에서 장이 서서 장골이라고 불렀다고 한다. 현재는 농경지로 사용하고 있었다. 그러나 조사 당시 목장이었다는 흔적을 발견하지는 못했다. 말도를 방문했을 때도 말도 이장님이 안내해 준 말도 목장 추정지를 가 보았으나, 거기에도 딱히 흔적이 있지는 않았다.

▲ 볼음도 목장 추정지. 예전에 여기에서 장이 서서 장골이 　　▲ 말도 목장 추정지
　라고 불렀다고 한다.

　　1487년(성종 18) 1월부터 강화도 볼음도에 둔전을 둘지 말지에 대해
서는 계속해서 논의가 있었다. 경기 관찰사 성건(成健)은 볼음도 땅이
기름져서 5~6백 석을 심을 만하다 판단하고 목장을 다른 섬으로 옮
기고 둔전을 두어 나라의 쓰임으로 삼고자 했다.[21] 이에 따라 같은 해
3월 왕이 타는 말과 수레, 목장 등을 관장하는 사복시(司僕寺), 호조판
서, 경기 관찰사 등이 볼음도를 직접 방문해 둔전의 배치 형태 등을
그려 올렸다. 볼음도는 월곶(月串)에 있는 선군(船軍)이 다 경작할 수
없으니 당시 거기 살고 있는 백성이 스스로 경작하도록 하는 것이
좋겠다고 성종에게 아뢰었고 그대로 따랐다.[22]

　　하지만 볼음도에서 경작하는 것은 녹록한 일이 아니었을 것이다.
같은 해 4월에 사복시 제조 윤호(尹壕)는 볼음도가 큰 바다 가운데 있
는 절도(絶島)인데다 경작할 만한 땅도 그다지 많지 않다며 백성들의
경작을 허락하지 말라고 아뢰었다. 기존에 있던 목장까지 개간하게

되어 말의 사육 등이 실패할 것 같다는 이유였으나 성종은 들어 주지 않았다.[23] 그 뒤 같은 해 10월 경연 자리에서 홍응(洪應)은 이 문제를 다시 끄집어냈다. 볼음도에 있는 둔전을 철폐하고 백성에게 경작하게 허락하여 조세를 거두자고 했다. 성종은 수로가 험하여 백성이 왕래하기 어렵기 때문에 선군으로 하여금 경작하게 하는 것이라고 응수했다. 홍응은 다시 왕래하기 어려운 것은 평민과 선군이 다르지 않으므로 백성을 소집하여 경작하게 하자고 하며 만일 응모하는 자가 없다면 예전과 같이 목장을 두자고 초강수를 두었다. 그때서야 성종은 헤아려 잘 생각해 보고 조치하겠다고 하고 일단락이 되었다.[24]

▲ 볼음교회에서 바라본 경작지

그 후 1490년(성종 21) 성종은 강화 볼음도의 둔전은 군자를 보충하기 위해 설치한 것인데 농군(農軍)이 출입하면서 백성들이 상당히 수고롭다 하니 백성이 피해를 입지 않으면서 농사짓는데 편안하게 할 수 있는 방도를 경기 관찰사 박숭질(朴崇質)에게 상세히 기록하여 아뢰도록 명했다.[25] 박숭질은 성종의 명으로 볼음도에 직접 입도했다. 하지만 하필 입도한 날 풍파가 험악했으며 날도 어두워져서야 도착했다. 게다가 백성들의 이야기를 들어보니 수재(水災)와 한재(旱災)에 모두 농사가 잘 되지 못하여 힘든 삶을 살고 있었다. 당시 도착했을 때 풀이 무성해 있어서였는지 다시 목장을 만들자고 건의했다.[26] 성종은 그 말을 따라 결국 둔전을 혁파하고 목장을 설치하게 되었다. 결과적으로는 홍응의 건의대로 된 셈이다.

『신증동국여지승람』에서도 아차도는 언급되지 않았다. 『세종실록』 지리지와 비교해 봤을 때 볼음도의 둘레가 17리이고, 말도의 둘레가 43리라고 되어 있는데 이는 말도와 볼음도가 서로 바뀐 것은 아닌지 추측해 본다. 실제로 현재 섬의 면적을 봤을 때도 말도가 볼음도보다 둘레가 넓은 것은 착오일 가능성이 있다. 그만큼 『세종실록』 지리지를 편찬할 당시 사실에 입각해서 꼼꼼하게 편찬했음을 알수 있다. 게다가 『세종실록』 지리지보다 『신증동국여지승람』이 더 후대에 편찬되었는데 내용은 『세종실록』 지리지보다 소략하다. 『신증동국여지승람』에는 위치, 경작지의 성격, 목장의 유무, 둘레 정보가 나와 있는데, 주문도는 둘레도 언급하지 않았다.

『신증동국여지승람』은 『동국여지승람』을 수정 보완해서 편찬한 것이다. 『동국여지승람』은 1477년(성종 8)에 편찬된 『팔도지리지』에 『동문선』에 수록된 우리나라 문사(文士)의 시문을 첨가해서 1481년(성종 12)에 편찬하였다. 이 『동국여지승람』은 제3차 수정과 증보를 통해 1530년(중종 25) 완성하여 '신증'을 붙여 간행하였다.

같은 관찬 지리지이지만 『세종실록』 지리지와는 다른 목적을 가지고 편찬했음을 인지하고 내용을 파악하는 것이 좋다. 『세종실록』 지리지는 섬의 경제 가치에 주목하고 편찬했다고 한다면 『신증동국여지승람』은 섬을 영토 내지 자연 지리의 일부로 인식하고 있음을 보여준다는 의견도 있다.[27]

(4) 강도지

"주문도【매도 서쪽7리에 있다. 물길로는 75리이고 사는 백성은 10호이다. 옛날에 정포영 둔전이 있었으나 지금은 목장이 있다.】보음도【주문의 서쪽에 있다. 물길로는 80리이다. 둘레는 17리이다. 사는 백성은 84호이다. 옛날에는 좌수영 둔전이 있었으나 지금은 본부(本府)의 양을 기르고 있다.】소도【지금의 아차도이다. 보음에서 서쪽 3리에 있으며 물길로는 70리이다. 사는 백성은 12호이다.】말도【소도 서쪽에 있다. 둘레는 43리이고 물길로는 90리이다. 사는 백성은 13호이다. 지금은 본부(本府)의 양을 기르고 있다.】"[28]

이형상의 『강도지』에서는 해도(海島)에 주문도, 볼음도, 아차도, 말도 모두 기재되어 있다. 여기에서도 각각 섬의 위치를 주문도는 매도 서쪽 7리, 볼음도는 주문도의 서쪽, 아차도는 볼음도 서쪽 3리, 말도는 아차도의 서쪽에 있다고 기준을 각기 다르게 설명하고 있다. 그러나 이번에는 똑같이 물길을 나타내 주어서 주문도는 물길로 75리, 볼음도는 물길로 80리, 아차도는 물길로 70리, 말도는 물길로 90리로 그 거리를 짐작할 수 있게 했다.

▲ 강화도 본섬과 서도면 섬들의 위치(출처:구글지도)

그 이전에 비해 특이점이라고 할 만한 것은 처음으로 군인 이외에 살고 있는 일반 백성의 호가 나타난다는 점이다. 『세종실록』 지리지에도 살고 있는 사람에 대한 언급이 있었으나 그때는 방어 목적의 수군이 살고 있었으며, 농사를 짓는 백성은 상주하기보다는 교동에서 농번기에만 드나들며 농사를 짓고 있다고 표현하고 있었다. 이것

▲ 주문도 서도중앙교회에서 바라본 논

▲ 주문도의 드넓은 경작지

으로 보아 세금을 거둘 수 있는 백성들이 상주하며 살게 된 것은 아마도 조선 중기 이후인 것으로 추정해 볼 수 있다. 앞에서 살펴본 『성종실록』에서 둔전을 혁파하고 백성들에게 토지를 경작하게 하자는 논의가 있었던 것을 보면 그 전부터 사람이 살고는 있었을 것이다. 하지만 국가 혹은 지배층이 세금을 거둘 만한 백성의 거주는 조선 중기로 봐야 한다.

▲ 볼음도 경작지　　　　　　　　　　　　▲ 볼음도 당하촌 논

『신증동국여지승람』에서 보였던 주문도의 정포영 둔전과 볼음도의 좌수영 둔전의 존재는 과거의 일이 되었다. 둔전의 폐지는 앞에서 1490년(성종 21)임을 확인했으므로 과거에는 둔전이었던 토지가 지금은 둔전이 아님을 알 수 있다.

섬이라고 한다면 모두 물고기 잡이나 해산물 채취 등 어업에 종사할 것 같지만 현재도 그렇고 과거에도 그렇고 경작할 땅이 없다면 섬에서는 사람이 살 수 없다. 물론 섬에서 어업은 필수이며 주요 수입원이기도 하다. 실제로 필자가 2019년 11월에 볼음도를 방문했을 때, 할머니들이 갯벌에 앉아서 무언가 채취하고 계셨다. 하지만 주문도를 처음 방문해서 놀란 점이 있다면 논과 밭 등 경작지가 상당히 넓게 펼쳐져 있다는 점이다.[29]

 게다가 볼음도와 말도는 바로 북방한계선과 맞닿아 있기 때문에 섬 주변에 어선을 띄워 고기잡이를 할 수가 없다. 그렇기 때문에 볼음도와 말도도 논농사와 밭농사가 주된 산업이며, 어업은 겨우 갯벌에 나가 맨손으로 해산물을 채취하는 것이 전부라고 하셨다.

▲ 볼음도 유일한 슈퍼

▲ 섬에서 육지로 팔려나가는 조개와 말린 새우

 기본적으로 섬은 자급자족 경제가 이루어지지 못하면 사람이 살 수 없다. 다른 지역에 비해 타 지역의 생산물이 유입되기 어려운 구조이기 때문에 주식인 쌀을 안정적으로 얻기 위해서는 벼농사를 지어야 한다. 벼농사뿐만 아니라 밭농사를 통해서 필요한 작물은 모두 자급자족 하는 것이 어쩌면 섬 생활의 기본 중에 기본이다. 지금도 서도면의 섬들은 여름철 민박이나 민박에 딸린 식당이 아니고선 상업적 목적의 상점을 찾아 볼 수가 없다.[30] 게다가 필자가 방문한 겨울에는 그마저도 영업하지 않았다. 볼음도에서는 미리 예약을 하지 않았더니 밥 먹을 식당을 찾을 수가 없어 농협 하나로마트에서 산 과자와 주전부리로 허기진 배를 달래야만 했다. 볼음도에 유일하게 있는 하나로마트도 볼음교회에서 잠시 인터뷰를 하고 내려오니 굳게 닫혀 있었다. 저녁 6시가 채 되지 않은 시간이었다.

▲ 택배 상하차

▲ 각 섬으로 주인을 찾아 가는 택배

  물론 전국 택배망이 잘 되어 있는 우리나라에서 돈을 더 준다면 섬까지 배달되지 않는 것은 없다. 게다가 지금은 배가 매일 2회씩 운항하기 때문에 육지에서 손쉽게 사가지고 들어 올 수 있다. 또한 삼보해운 여객선에는 각 섬으로 들어가는 택배 지정함이 있어 물품을 하루에 2번씩 배달해 주고 있었다. 섬에서 잡은 상합과 말린 새우 등을 섬에서 나올 때 싣고 나오고 육지의 택배들은 배가 들어갈 때 섬의 주인을 찾아 배에 실렸다. 배가 정박했을 때 물건을 내리고 싣고 하는 것이 이루어져야 하므로 물건을 나르는 사람들은 분주했다.

하지만 과거에는 지금과 달리 힘들었을 것이다. 먹을 것이 떨어져도 어디 사러 나갈 수 있는 것이 아니다. 배가 뜨기까지 기다리거나 그것도 아니라면 자급자족으로 해결하는 것이 오히려 손쉬웠을 것이다. 삼보해운이 서도면 운항을 시작하면서 정기적 노선이 생겼지, 그 전에는 배 뜨는 시간도 들쑥날쑥 선장 마음이었다고 한다. 그런 것을 생각하면 아마도 육지에서 무언가 기대하기는 어려울 것이다. 20년째 서도중앙교회에서 목회 활동을 하시는 박형복 목사님은 섬 생활을 한마디로 정리해 주셨다. "포기하는 삶, 내려놓는 삶"이라고.

이형상의 『강도지』는 『신증동국여지승람』의 내용을 참고해서 기입하되, 내용을 좀 더 첨가 한 것으로 보인다. 왜냐하면 『신증동국여지승람』에서 착오를 보인 섬의 둘레를 이형상의 『강도지』에서도 그대로 답습하고 있기 때문이다. 앞에서 언급한 『세종실록』 지리지나 『신증동국여지승람』과 같은 관찬 지리지에 비해 이것은 개인이 편찬한 읍지이다.

이형상(1653~1733)은 조선 후기에 성주목사, 동래부사, 양주목사, 경주부윤, 제주목사, 영광군수 등을 역임한 문신이다. 그는 지금으로 말하면 일 잘하는 지방관이었는데 목민관으로서 일을 매우 잘해서 당시 백성들도 그를 칭송하였다고 한다.[31] 당시에는 각각의 지방에서 이형상과 같은 지방관이 내려오기를 고대한 인물 중에 한 명이 아닐까 생각이 든다. 그는 『강도지』 편찬 이후 제주도에 관해서도 『탐라순력도(耽羅巡歷圖)』 및 『남환박물(南宦博物)』과 같은 기록을 남겼는데, 이 또한 제주도의 중요한 연구 자료가 되고 있다.

탁월한 전문 지방관 이형상이 편찬한 『강도지』는 병자호란 이후 강화도의 방어체제에 중점을 두어 군비와 국방책을 서술하여 숙종에게 올리려는 목적을 가지고 편찬한 읍지이다. 편찬 목적과 특징을 이해하고 살펴보아야 한다. 전국을 돌면서 그가 경험한 여러 방책이 『강도지』와 같은 책에 남아 있게 되었다. 그 많은 고을에서 목민관으로 일했지만 그중에 강화에 대한 기록을 남겼다는 것이 어쩌면 강화로서는 참 다행이 아닐까 생각이 들었다.

(5) 여지도서 강도부지

"말도【관아의 서쪽에 있다. 육로로 30리, 물길로 70리 합 100리이다. 둘레는 10리다. 볼음도와의 거리는 3리이다. 양과 염소를 놓아 기른다. 어장이 있다. 호적에 편성된 민호는 18호이다. 남자는 29명이고, 여자는 24명이다.】볼음도【망도라고도 한다. 관아의 서쪽에 있다. 육로로 30리, 물길로 70리 합 100리이다. 둘레는 40리다. 아차도와의 거리는 4리이다. 양과 염소를 놓아기른다. 어장이 있다. 본래 부의 향교가 전에는 이 섬에 있었다. 지금은 옛터와 위전(位田)³²만 있다. 호적에 편성된 민호는 143호이다. 남자는 210명이고, 여자는 189명이다.】아차도【관아의 서쪽에 있다. 육로로 30리,

물길로 60리 합 90리이다. 둘레는 40리다. 주문도와의 거리
는 3리이다. 어장이 있다. 호적에 편성된 민호는 9호이다. 남
자는 18명이고, 여자는 13명이다.】주문도【관아의 서쪽에
있다. 육로로 30리, 물길로 60리 합 90리이다. 둘레는 13리
다. 장봉도와의 거리는 25리이다. 말을 놓아기르고 어장이
있다. 계사년[33] 첨사를 두었고 수영에 소속시켰다. 호적에
편성된 민호는 86호이다. 남자는 280명이고, 여자는 289명
이다.】[34]

『여지도서』 강도부지에는 서도면이 방리(坊里)편 끝 여러 섬 가운
데 들어 있다. 지금까지는 섬을 싣는 순서가 주문도, 볼음도, (아차도),
말도 순이었다면, 『여지도서』만 말도, 볼음도, 아차도, 주문도 순으로
실려 있다. 각 섬의 위치도 말도는 육로 30리, 물길 70리, 볼음도는 육
로 30리, 물길 70리, 아차도는 육로 30리, 물길 60리, 주문도는 육로
30리, 물길 60리라고 육로와 물길을 각각 구체적으로 표시해 주고
있으며 인접 섬과의 거리도 정확하게 나타내주고 있다. 모두 관아를
출발점으로 잡고 있기 때문에 육로와 물길을 함께 표시한 유일한 지
리지다. 그리고 각 섬의 둘레도 말도 10리, 볼음도 40리, 아차도 40리,
주문도 13리로 표시하고 있는데, 아차도와 주문도의 둘레가 바뀐 것
이 아닌지 추측해 본다.

말도, 볼음도, 아차도, 주문도에 모두 어장이 있다고 언급하고 있
다. 실제로 볼음도와 말도 앞쪽 바다는 새우젓 중에서도 6월에 수확
한 가장 맛있는 육젓용 새우를 잡는 황금어장이었다고 한다. 한국전

쟁이 나고 38선을 기준으로 국토는 분단되었지만 1960년대까지도 바다에서는 경계가 없어 함께 고기를 잡고 말도와 볼음도 등지에서 바로 시장이 열렸다고 한다.

그러나 1964년 어로한계선이 설정되면서 이 황금어장에서 더 이상 조업할 수 없게 되었다. 그래서 배를 가지고 있는 사람들은 고기

▲ 볼음도 은행나무 전망대에서 바라본 북쪽. 예전에는 이곳이 아마도 황금어장이었을 것이다.

잡이 할 수 있는 곳으로 많이들 떠나고 볼음도 같은 경우는 섬에 배가 2척밖에 남아 있지 않다고 했다. 실제로 섬이지만 고기잡이보다는 주업이 농업이고, 갯벌에서 조개나 상합 등을 채취해 생업을 이어 나가고 있었다.

특징적인 것이 있다면 볼음도에 본래 부의 향교가 있었으나 지금은 그 흔적만 남아 있다는 내용이다. 볼음도를 방문했을 때 이 향교 터라도 찾아보려고 수소문을 했다. 볼음도에서 태어나고 지금까지 살고 계신 이문철 님은 향교가 있었다고 자기도 들었는데, 본인도 어디인지는 모르겠고, 실제로 향교가 있었을까 의문하셨다. 『서도면지』를 보면 볼음도 지도에 향교산이 나오고 그 아래가 서당가네 지명이 있었던 것으로 보아[35] 이 근처에 그 비슷한 교육기관이 있었던 것으로만 추측할 수 있겠다. 또한 첨사를 두고 수영에 소속시켰다는 주문도는 서도면 4개 유인도 중에서 국방상 가장 중요하게 여긴 섬이었다고 생각할 수 있다.

『강도지』에서는 주민의 호만 표시되어 있었는데 『여지도서』 강도부지에서는 호뿐만 아니라 유일하게 남녀 각각의 인구를 정확하게 알려 주고 있다. 후대로 갈수록 좀 더 많은 정보가 담겨 있음을 확인할 수 있는 대목이다. 아래 <표 1>을 보면 『여지도서』가 간행될 18세기 중엽에 현재보다 더 많은 주민들이 살고 있다는 것을 알 수 있다.

구분	말도	볼음도	아차도	주문도	합계	2020.4.
호(戶)	18호	143호	9호	86호	256호	380세대
남	29명	210명	18명	280명	537명	335명
여	24명	189명	13명	289명	515명	308명
남여합계	53명	399명	31명	569명	**1,052명**	**643명**

주문도 설명에서 숙종 계사년에 첨사를 두었고 수영에 소속시켰다는 내용이 보인다. 숙종 계사년은 1713년(숙종 39)이다. 그런데『숙종실록』에 보면 철곶진에 있던 첨사를 주문진으로 옮겨 주문진 첨사라고 고쳐 불렀다는 내용이 1712(숙종 38)에 보인다.[36] 실제로『여지도서』진보 철곶보를 설명한 부분에 보면 임진년에 임금에게 보고하여 주문도로 옮기고 다시 별장을 설치했다는 내용이 나온다.[37] 숙종 계사년이라고 쓴 부분은 숙종 임진년의 착오이다. 하지만 이것을 그대로 답습한 김노진의『강화부지』에도 주문도 부분에 숙종 계사년에 첨사를 설치했다는 내용이 나온다. 사실을 확인하지 않고 전에 것을 그대로 갖다 쓰는 것은 예나 지금이나 비슷한 점인가 보다.

『여지도서』는 조선 전기『세종실록』지리지를 잇는 관찬 지리지이다.『여지도서』는 1757년(영조 33) 홍양한이 임금에게 아뢴 것이[38] 계기가 되었다.『동국여지승람』을 찬성한 것이 이미 수 백 년이 지났고 그래서 그 이후의 연혁은 상고할 수 없으니 이어서 다시 만들어야 한다는 것이 이유가 되었다. 왕이 이를 좋게 여겨 왕명에 따라 홍문관에서는 팔도 감사에게 명을 내려 각 읍에서 읍지를 올려 보내도록

하여 이를 수합하는 방식을 취했다. 『동국여지승람』과 비교해서 호구, 전결, 부세, 군병 등 국가 통치에 실질적으로 필요했던 경제와 군사 관련 조항이 추가 되었다.[39]

▲ 볼음1리 마을회관과 표지판

공식적인 간행으로 이어지지 못하고 빠진 고을도 많으며 지역별로 수록 기준과 내용에 큰 차이가 있지만[40] 다행히도 『강화부지』는 그 내용이 자세하게 남아 있다. 특히나 서도면에 해당하는 섬들은 다른 지리지와 비교해서 유일하게 남녀 인구수까지 밝히고 있으며 내용도 풍부해서 그 의미가 크다. 『여지도서』는 이후 전국적인 조사를 거친 지리지가 편찬될 수 있는 상황이 아니었기 때문에 결국 조선왕조 입장에서 보면 마지막 관찬 지리지가 되었지만 그만큼 18세기 중엽 향촌의 구체적인 모습을 자세하게 볼 수 있는 자료로 남았다.

⑹ 강화부지

"말도【부의 치소에서 서쪽으로 110리에 있다. 둘레는 10리이며 22호 76명이 산다. 경작지는 3결9부1속이다. 양을 기른다. ○요망장 1인과 군인 10명을 두었다.】볼음도【일명 망도라 한다. 부의 치소에서 서쪽으로 100리에 있다. 둘레는 40리이며 140호 477명이 산다. 경작지는 53결31부1속이다. 양을 기른다.○요망장 1인과 군인 10명을 두었다. ○본래 부의 향교가 옛날에는 이곳에 있었는데 지금은 옛 터와 위전만 남아 있다.】아차도【일명 아도라고 한다. 부의 치소에서 서쪽으로 90리에 있다. 둘레는 40리이다. 14호에 47명이 산다. 경작지는 2결67부1속이다. ○유수 이민서의 시에 이르기를, '산들바람 솔솔 불어 돌아가는 배 전송하는데, 안석 기대어 초연히 거나한 술기운에 의지하네, 물 건너로 산 보니 원근이 헷갈리고, 돛대와 키 돌리다 방향을 잃었네, 저물녘에 나는 새 수천 수백 마리요, 안개 속에 고깃배 때때로 두세 척 더간다, 다행히 부중에 함께할 나그네 있어, 흥 일면 이곳저곳 찾을 수 있게 하누나.'⁴¹ 라 하였다.】주문도【부의 치소에서 서남쪽으로 90리에 있고 둘레는 13리이다. 숙종 계사년에 첨사를 두고 통어영에 속하게 하였다. 149호 562명이 산다. 경작지는 없고 말목장이 있다. ○유수 이민서의 시에 이르기를 '배에서 내려 작은 섬 찾아들어, 울퉁불퉁한 개암나무 길을 지나니, 황량한 산 밑에는 옛 우물 있고, 큰 나무 서편에는 띳집 있네, 밭이 비옥하여 좋은 토질 자랑하고, 땅이 외져 은거지 같네, 일찍부터 뗏목 타려던 뜻 품었기에, 바람 맞으니 마음 더욱 처량해지네.'⁴² 라고 하였다.】"⁴³

▲ 시간이 멈춘 볼음도 황해 여인숙

　김노진의 『강화부지』는 도서 부분에 서도면의 섬이 보이며, 말도, 볼음도, 아차도, 주문도의 순서대로 섬의 특징을 나타내고 있다. 여기서도 마찬가지로 각 섬의 위치를 설명하고 있는데, 각각 부의 치소 즉 행정 사무를 맡아보는 기관이 있던 곳을 기준으로 하고 있다. 말도는 서쪽으로 110리, 볼음도는 서쪽으로 100리, 아차도는 서쪽으로 90리, 주문도는 서남쪽으로 90리라고 밝히고 있다. 그리고 둘레는 각각 말도 10리, 볼음도 40리, 아차도 40리, 주문도 13리로 되어 있는데 『여지도서』를 참고해서 작성한 것으로 보인다.

　인구를 본다면 『여지도서』와 비교했을 때 불과 20년 만에 69호 110명이 늘었음을 아래의 <표 2>를 보면 알 수 있다. 아래 <표 2>는 말도와 볼음도에서 각각 보이는 요망장 1인과 군인 10명을 제외한 숫

자이다. 이것은 실제로 섬에 살고 있는 인구가 자연 증가 하거나 유입된 것일 수도 있고, 이미 살고 있었지만 대장에는 기록되지 않다가 인구 조사에서 호구로 잡힌 것일 수도 있다. 어떤 이유에서든 전보다 인구가 늘었다는 것은 살기 힘든 섬 생활이지만 20년 전보다는 좀 나아졌다는 의미가 아닐까.

<표 2> 『여지도서』와 『강화부지』에 나타나는 인구수 비교

구분	말도		볼음도		아차도		주문도		합계	
	호	명	호	명	호	명	호	명	호	명
『여지도서』	18	53	143	399	9	31	86	569	256	1,052
『강화부지』	22	76	140	477	14	47	149	562	325	1,162

『세종실록』 지리지에서 볼음도 1백6결, 아차도 5결, 말도 3결이라고 밭의 면적이 나온 이후에는 주로 둔전이나 목장 명목의 용도만 확인 되었었다. 그러나 『강화부지』에서는 경작지를 각각 말도 3결 9부 1속, 볼음도 53결 31부 1속, 아차도 2결 67부 1속, 주문도는 없지만 목장이 있다고 밝히고 있다. 이러한 결, 부, 속의 단위는 곡식의 수확량을 통해 밭의 면적과 조세 수취의 단위를 연결해서 파악하는 것이다. 유일하게 경작지의 정확한 수치가 보이는 것으로 보아 『강화부지』의 편찬 목적을 짐작해 볼 수 있다.

지금까지의 지리지와 다른 가장 특징적인 부분은 아마도 강화유수를 지낸 이민서의 시를 인용한 부분일 것이다. 이민서(李敏敍, 1633~1688)는 본관이 전주이며 세종의 다섯 번째 서자 밀성군(密城君)

▲ 말도 선착장에서 마을로 넘어가는 고개

▲ 아차도 경작지

이침(李琛)의 후손이다. 그는 영의정을 지낸 이경여(李敬輿, 1585~1657)의 셋째 아들이었는데, 5촌 당숙 이후여(李厚輿, 1586~1657)에게 양자로 갔다. 그리고 좌의정을 지낸 원두표(元斗杓, 1593~1664)의 딸과 결혼하였다. 1650년(18세)에 소과인 사마시에 합격하였고, 1652년(20세)에 나라에 경사가 있을때 시행하는 증광별시에 급제하였다. 집안 자체도 명문이었으며, 본인도 똑똑한 수재였음을 짐작할 수 있다.[44]

이민서가 강화유수가 된 것은 1683년(숙종 9) 6월 그의 나이 51세였다. 1684년 6월 서울로 돌아갈 때 까지 1년 여 동안 강화유수로 지내면서 강화도에 관한 많은 글을 남겼다. 김노진의 『강화부지』에 나오는 아차도와 주문도에 관한 이민서의 시는 이민서의 문집 『서하집』에도 보인다. 『서하집』에는 이외에도 볼음도, 장봉도 등을 돌아보고 쓴 시가 남아 있다.

이민서는 사직하면서 강도의 지도를 만들어서 덧붙여 상소를 올렸는데, 강화도 구석구석을 모두 직접 돌아보고 지도를 만든 것으로 보인다. 강화는 천혜의 요해처이니 이에 더 견고하게 방비한다면 방어에 훌륭한 곳이 될 수 있음을 거듭 말하고 있다.

김노진은 강화유수를 지낸 이민서에 대해 평가를 후하게 내리고 있다. 실제로 김노진의 『강화부지』 명환 부분에서 이민서에 대해 많은 부분을 할애하고 칭송하며 그가 강화에 있을 때 쓴 시를 인용하였다. 1782년 강화유수 겸 삼도수군통어사로 발탁된 김노진이 1783년 『강화부지』를 간행하면서 1761년 경 간행된 이민서의 문집 『서하집』을 보고 그 안에 있는 시를 차용했을 가능성이 크다. 이민서는 김노진보다 먼저 강화유수로 왔던 선배였는데, 아래 명환 부분의 서술을 보면 김노진이 실제 이민서의 행적을 본받고 싶어했던 마음을 엿볼 수 있다.

"이민서【유수이다. 해마다 흉년이 들어 백성들이 살아갈 수 없자, 민서는 견휼하는 여러 가지 방편을 마련하고 그 다스림을 간소하게 했다. 재물과 곡식이 모이고 흩어지고, 두드리고 불리는 것이 모두 흥하였고, 거처가 초연하여 일이 없는 것과 같이 형벌은 가혹하지 않았다. 목소리와 얼굴빛은 크지 않았으나 간활하고 숨기는 것이 없어지니 마을이 태평하였다. 배로 여러 섬을 돌며 백성들의 아픔과 어려움은 작은 부분이라도 불합리하지 않음이 없는지 살피고, 면세할 수 있는 곳은 면하고, 면세할 수 없는 곳은 역시 제도를 만들어 마땅함을 얻었으니, 백성들이 그를 칭송하는 것이 지금까지도 없어지지 않았다. …… 임기를 끝내게 되자 백성들이 수레에 매달리니 차마 서로를 버려두지 못하여 그 형상을 사당에 모셔놓았다. 상세한 것은 사당에 기록되어 있다.】"[45]

▲ 주문도 서도교회에서 바라본 마을 전경

▲ 주문도 진촌 마을 전경

▲ 볼음도 당하촌 풍경

　　강화에 왔던 무수히 많은 유수들이 공덕비 혹은 영세불망비를 남기고 떠났는데 그 중에 백성들이 정말로 마음에서 우러나와 이런 비석을 세운 인물이 얼마나 될까. 아마도 김노진은 이민서에 대한 백성들의 이야기를 듣고 자신도 그런 관리가 되고 싶었기 때문에 그가 쓴 『강화부지』에 이민서가 남긴 시를 인용한 것은 아닐까 생각해 본다.

(7) 대동지지

　　<u>주문도</u>【강화 매도 서쪽 7리에 있다. 둘레는 30리이고 동쪽으로 장봉도와 물길로 20리 떨어져 있다. 어장이 매우 풍부하다.】<u>볼음도</u>【고려사에는 팔음도, 파음도라고 하였다. 둘

레가 15리이다. 동쪽으로 서검도, 주문도와 떨어져 있다.】
말도【둘레가 10리이다. 북으로 연안의 경계와 떨어져 있고,
서쪽으로 연평도와 30리 떨어져 있다. 동쪽으로는 볼음도와
5리 떨어져 있다.】[46]

김정호의 『대동지지』는 그 전에 나왔던 지리지에 비해서 내용은
소략하다. 주로 각 섬의 위치를 주변 다른 섬들과 비교해서 설명을
했다. 주문도는 어장이 풍부한 점을 설명하고 있으며 볼음도는 『고
려사』에서의 명칭을 병기해 주고 있다. 주문도, 볼음도, 말도만 언급
되어 있고 아차도는 빠져있다. 의외로 지금까지 본 내용들에서 아차
도가 빠진 적은 있지만 말도는 빠짐없이 등장했다. 그만큼 조선시대
에는 말도를 중요하게 생각했음을 알 수 있다. 그리고 볼음도의 둘레
가 15리로 나오는데 아마도 『신증동국여지승람』을 참고하면서 착오
가 난 것으로 보인다.

『대동지지』는 조선 후기 너무나 유명한 『대동여지도』를 간행한
대표적인 지리학자 김정호가 마지막으로 편찬한 지리지다. 『대동지
지』에는 김정호가 그동안 검토한 조선측 43종과 중국측 22종의 자료
를 정리해 놨는데,[47] 그만큼 김정호가 얼마나 많은 노력을 기울였는
지 알 수 있다. 하지만 불행하게도 서도면에 해당하는 섬들의 정보는
『여지도서』에 비해 소략하다.

<표 3> 지지에서 서술한 서도면

구분		주문도	볼음도	말도	아차도
세종실록 지리지	위치	서쪽 수로 7리	서쪽 수로 30여 리	서쪽 수로 15리	
	인구		교동수군 8호	교동사람 드나듦	교동수군 4호
	토지		밭 1백 6결	밭 3결	밭 5결
	둘레	둘레 30리	둘레 40리	둘레 10여 리	길이 5리, 너비 2리
신증동국 여지승람	위치	매도 서쪽 7리	주문도 서쪽	부 서쪽 5리	
	토지	정포영전	좌도수군 영전		
	기타	목장	둘레 17리, 목장	둘레 43리	
강도지	위치	매도 서쪽 7리 물길 75리	주문의 서쪽 물길 80리	아차도 서쪽 물길 90리	볼음의 서쪽 3리 물길 70리
	인구	10호	84호	13호	12호
	기타	목장	둘레 17리, 양	둘레 43리, 양	
여지도서	위치	관아 서쪽, 육로 30리, 물길 60리, 장봉도와 25리	관아 서쪽, 육로 30리, 물길 70리, 아차도와 4리	관아 서쪽, 육로 30리, 물길 70리, 볼음도와 3리	관아 서쪽, 육로 30리, 물길 60리, 주문도와 3리
	인구	86호 (남192, 여138)	143호 (남210, 여189)	18호 (남29, 여24)	9호 (남18, 여13)
	토지	계사년 첨사 두고 수영에 소속	양, 어장, 위전	양, 어장	
	둘레	둘레 13리	둘레 40리	둘레 10리	둘레 40리
강화부지	위치	부 서남쪽 90리	부 서쪽 100리	부 서쪽 110리	부 서쪽 90리
	인구	149호 562구	240호 477구	27호 76구	14호 47구
	토지	말 목장	53결 31부 1속	3결 9부 1속	2결 67부 1속
	둘레	둘레 13리	둘레 40리	둘레 10리	둘레 40리
대동지지	둘레	둘레 30리	둘레 15리	둘레 10리	

지금까지 살펴보았던 지리지의 내용을 하나의 표로 정리해 보았다. 그중에는 전국에서 각 읍의 사정을 올려서 편찬한 관찬 지리지도 있었고, 개인이 편찬한 사찬 지리지도 있었다. 구별은 크게 의미가 없긴 하지만 그래도 각 지리지의 내용을 살펴보기 위해서는 지리지의 편찬 배경과 상황을 알고 접근하는 것이 먼저일 것이다. 김정호가 그동안 편찬되었던 지리지를 모두 총망라해 집대성한 것에는 한참 못 미치지만 필자도 선학(先學)들의 연구에 기대어 이 글을 쓸 수 있었음을 감사하게 생각한다. 서도면에 대해서 처음 글을 쓰려고 준비할 때 참고할 만한 자료가 2015년 서도면지편찬위원회에서 편찬한 『서도면지』밖에 없었다. 물론 많은 부분이 강화 관련 전반적인 내용을 다루기는 했어도, 이 책은 서도면 각 섬에 현장조사를 갈 때마다 우리에게 많은 길잡이가 되어 주었다. 『서도면지』를 편찬할 때는 얼마나 막막했을까, 그야말로 무에서 유를 창조한 작업이었으리라.

▲ 볼음도 당하촌 어느 축대. 섬에서는 무엇 하나 허투루 버리는 것이 없다.

3. 볼음도를 나오면서

볼음도에서는 배 시간이 되면 항구에는 배에서 내리는 택배를 기다리는 군인들이 픽업트럭을 타고 미리 와서 대기 했다가 해당 물품을 찾아서 돌아간다. 서도면에서 국방의 의무를 다하고 있는 군인의 부모가 보냈을 수도 있고, 그 군인을 아끼는 누군가가 보낸 물품이 각 장병들에게 돌아 갈 것을 생각하니 이 택배는 택배 이상의 의미를 지니고 있겠구나 하는 생각이 들었다. 섬에서 배가 들어오는 시간은 여러 가지로 반가운 설렘을 의미 할 수 있겠다. 반가운 손님이든 반가운 택배든. 정기선이 다닌 이후에는 배 시간이 곧 섬의 시간이 되었다.

처음에는 군인들이 살다가 이후 둔전이 없어지면서 백성들이 살게 된 곳이 바로 서도면의 섬들이다. 지금은 한국전쟁 이후 분단된 한반도 상황 때문에 이곳에 군인들이 배치되어 주민들과 함께 서도면 섬들에 살고 있다. 어쩌면 그 옛날 국방상 중요한 곳이라고 했던 곳이 지금 우리 민족의 아픈 현대사 때문에 그때나 지금이나 그대로인 것은 아닐까.

서도면의 행정구역은 분명 근대의 산물이다. 우리 조상들은 서도면에 해당하는 섬들만 따로 생각하지 않았다. 그래서 옛 기록을 살펴볼 때 현재의 서도면에 해당하는 섬만 뽑아서 고찰해 본다는 것이 어떤 의미가 있을까 고민이 되었다. 그곳은 먼 옛날부터 지금까지 그대로인데 현재를 살아가는 우리들이 편의상 만들어 놓은 행정구역을 기준으로 나누는 것은 아닐지 생각해 본다.

서쪽 바다의 섬들은 모두 한 생활권이며 비슷한 환경에서 지금까지 삶을 영위해 왔을 것이다. 과거의 기록이라는 것은 지배자를 위한 것이며, 특히나 국가에서 주도한 지리지의 경우 이것의 목적은 하나였다. 바로 수취를 효율적으로 하기 위함이다. 영토를 수취의 대상으로 보고 각 영토에 있는 것들을 모조리 조사해서 남겨 둔 덕분에 우리는 지금 과거의 그 곳을 상상해 볼 수 있으며, 추적해 볼 수 있다. 하지만 과거에 그곳에 살았을 당시의 사람들은 한 번 잘못 기재된 내용 때문에 엉뚱한 세금을 내야 하는 경우도 왕왕 있었을 것이다. 억울해도 천혜의 절도에서 어디에 말 할 곳도 없었을 것이다.

국가 주도의 지리지와 개인이 편찬한 지리지라도 그 속에 담긴 각 고을의 모습은 한계가 있을 것이다. 그리고 국가에서 편찬한 관찬사료 속에 담긴 서도면의 모습은 또 국가에서 판단해서 이익이 되는 쪽으로 언급한 것이 대부분일 것이다. 그곳에서 오롯이 살던 사람들의 모습은 찾지 못했다. 어쩌면 그러한 사료 속에서 사람들을 찾으려고 했던 시도가 어불성설이었을지도 모른다. 하지만 분명한 것은 그 때나 지금이나 농사를 짓고, 그물을 손질하고, 해산물을 잡고 살아가는 사람들은 크게 변하지 않았다는 것이다.

과거의 기록 속에 서도면의 섬들과 지금 서도면의 섬들은 많이 바뀌었을 수도 있다. 주문도 마을회관에서 만난 김의홍 님은(1947년생) 옛날에 비하면 지금은 천지가 개벽할 정도로 편해졌다고 하셨다. 그리고 볼음도에서 만난 이문철 님도 본인 어렸을 적을 생각해 보면 지금은 길도 모두 포장이 되어 있고 차를 타고 이렇게 볼음도 길을 다닐 것이라고는 상상조차 하지 못하셨다고 하셨다. 삼보해운의 정기 항로가 생기고, 전기도 들어오고, 가스 난방이 가능해지는 등 편리한 점이 많아졌다고 했다. 육지의 생활과 비교하는 삶이 아닌 과거와 비교하게 되는 서도면의 섬들은 그때나 지금이나 공통점이라고 한다면 그때도 사람이 사는 곳이었으며, 지금도 그곳에는 사람이 살고 있다는 것이다.

마지막으로 이민서가 남긴 시 중에 볼음도에서 돌아오면서 지은 시를 소개하며 글을 마무리 하려고 한다. 시란 자고로 사방이 물인 망망대해 배 위에서 짓는 것이 가장 운치 있는 것이 아니겠는가. 우리도 주문도로 향하는 삼보해운 여객선 위에서 강화유수 이민서처럼 시 한편 읊어 보는 것은 어떨까.

이틀 동안 배 타며 수고로움 사양 않고
취한 채 선창에 기대니 멋진 흥취 높구나
바다 가운데 솟은 봉우리 모두 바위를 이었고
하늘가 담은 물은 조삭 없는 듯하네
세간의 아름다운 지경 깊은 곳에 있으니

분에 넘치는 빼어난 놀이 우리들부터로다
하류의 형세 다 훑어 보았으니
돌아와 또다시 무예를 익히리라[48]

참고문헌

『고려사』
『조선왕조실록』
『신증동국여지승람』
『일성록』
『강도지』
『여지도서』
『강화부지』
『대동지지』

문용식 역주, 『여지도서 강도부지』, 인천대학교 인천학연구원, 2005.
인천광역시립박물관, 『강화정밀지표조사보고서Ⅱ-삼산·서도면-』, 인천광역시
　　　립박물관 조사보고 제13집, 2005.
서도면지편찬위원회, 『서도면지』, 2015.
한국학중앙연구원, 『한국민족문화대백과사전』
이민서 지음, 황교은·유영봉·장성덕 옮김, 『서하집』1, 2018.
이민서 지음, 장성덕·전형윤·이주형 옮김, 『서하집』2, 2018.

강봉룡, 「해양인식의 확대와 해양사」, 『역사학보』200, 2008.
박종기, 「조선시기 관찬 지리지의 섬 인식과 변화」, 『한국학논총』48, 2017.
변주승, 「『輿地圖書』의 성격과 道別 특성」, 『한국사학보』25, 2006
이기봉, 「朝鮮時代 全國地理志의 生產物 項目에 대한 檢討」, 『문화역사지리』15,
　　　2003.

이기훈, 「일제강점기 도서지역의 교통과 일상생활」, 『도서문화』 45, 2015.

이홍두, 「조선 초기 마목장 설치 연구」, 『동북아역사논총』 55, 2017.

서도면의 사람들도 신앙생활을 했고 지금도 해오고 있다.
특히 섬이라는 특성 상 풍어(豐漁)나 바다에서의 안전을 기원하는 신앙의 풍습이
중요했을 것이라는 점은 어렵지 않게 추측해 볼 수 있다.
섬의 사람들은 제를 올리거나 굿을 거행하면서 자신들의 바람이 성취되기를 기원했다.

제3장

서도면 사람들,
그 믿음의 세계

안홍민

서도면을 구성하는 주요 섬으로는 주문도, 아차도, 볼음도, 말도 등 4개의 섬을 들 수 있다. 나머지 9개의 섬은 무인도이다. 서도면의 섬들은 비록 작기는 하지만 그곳에서도 과거부터 사람들이 살았고 나름의 역사를 일구어왔다. 물론 서해의 작은 섬들이기에 기록이나 유적 등 역사나 문화의 모습을 보여주는 자료가 적은 것이 사실이다. 그러나 그곳의 사람들도 삶을 영위하며 흔적들을 남겼고 지금도 남겨가고 있다. 2015년 간행된 『서도면지』(서도면지편찬위원회 간행)에는 서도면의 신앙(종교), 설화에 대한 내용들이 책 곳곳에 담겨있다. 이번 장에서는 『서도면지』에 소개된 내용을 중심으로 서도면의 신앙(종교)과 설화에 대해 살펴보고 그와 관련된 흔적들을 직접 찾아간 이야기를 풀어 보려 한다.

1. 옛 신앙의 모습과 설화

전통신앙의 모습

종교의 역사는 인류사에서 매우 중요한 부분을 차지한다. 특히 전근대 시기 사람들에게 종교란 삶에서 가장 큰 의지의 대상이었다. 아직 과학기술이 발달하지 못했던 그 시절, 종교나 신앙은 사람들이 세상을 이해하는 틀의 역할을 했고 사회적, 개인적 문제의 해결 수단이기도 했다. 그것은 우리가 흔히 고등종교라고 부르는 기독교나 불교, 이슬람 등 세계적인 대형 종교이기도 하지만 지역의 토착, 민간신앙 등도 사람들의 삶에 큰 영향을 끼쳤다.

근대에 들어 과학이 발달하고 이성의 힘이 강해지면서 종교와 신앙의 힘이 상대적으로 줄어든 것은 사실이다. 사람들은 자연의 법칙을 과학적으로 분석할 수 있게 되었고 과거처럼 절대적으로 신에 의존해서 살아가지는 않고 있다. 그러나 종교는 여전히 우리의 삶 여러 부분에 상당한 영향을 끼치고 있는 것 또한 사실이다. 아직까지 세계 곳곳에서 종교로 인한 유혈 분쟁이 멈추지 않고 있는 것이 그러한 현실을 보여주고 있다.

어쨌든 서도면의 사람들도 신앙생활을 했고 지금도 해오고 있다. 특히 섬이라는 특성 상 풍어(豐漁)나 바다에서의 안전을 기원하는 신 앙의 풍습이 중요했을 것이라는 점은 어렵지 않게 추측해 볼 수 있 다. 섬의 사람들은 제를 올리거나 굿을 거행하면서 자신들의 바람이 성취되기를 기원했다.

과거의 신앙들은 이른바 마을신앙이라는 형태를 이룬 경우가 많 았다. 하나의 마을이 공동체로서 특정한 신앙행위를 실행하고 그러 한 행위를 통해 마을 내부의 결속력을 높였다. 마을에서는 신앙과 관 련된 행사를 끝낸 뒤 마을회의를 가져 공통의 문제에 대해 논의하기 도 했다. 마을신앙이라는 것은 신앙행위임과 동시에 마을 구성원의 운명공동체적 의식을 심화시키는 도구이기도 했던 것이다.

우리나라 서해안 지역 많은 곳에서는 이른바 '풍어굿'이라는 것 이 행해지고 있다.[01] 이름 그대로 풍어(豐漁)를 기원하는 굿이다. 물론 과거의 신앙적 성격은 많이 사라지고 무형문화재의 전승 또는 지역 행사로서 진행되고 있는 것이 대부분이다.[02] 인천시 무형문화재 제8 호로 지정된 강화의 외포리 곶창굿도 풍어굿의 일종이다. 서도면에 서도 다른 서해안 지역처럼 풍어굿이 행해졌을 것이다.

아무튼 풍어굿 등을 포함해 서도면의 섬들도 서해안의 과거 신앙 의 형태에서 예외는 아니었을 것이다. 다른 지역에서 보이는 터주신 이라든가 장승신앙, 서낭당, 여러 형태의 무속신앙 등도 존재했을 것 으로 생각된다. 전통신앙을 대표하는 시설로는 당집(堂-)을 들 수 있 다. 당집이란 신(상징물)을 모셔 놓은 집을 일컫는 것으로 과거에는 주문도, 아차도, 말도 등에 당집이 존재했다고 한다.[03] 그 흔적은 지명에 남아 있다. 『서도면지』에 따르면 주문도의 당골, 자신당터, 추춤당터, 볼음도의 당고개, 당산, 당아래, 아차도의 당꾀, 당뿌리, 말도의 국수당산, 남신당터 등이 당집과 관련된 지명이나 장소로 확인된다.[04] 하지만 서도면의 섬들에 기독교가 전파되고 급속히 포교가 이루어지면서 당집을 비롯한 옛 신앙의 모습들은 대부분 자취를 감춘 것으로 보인다.[05]

현재 서도면에는 볼음도에서만 당집이 유일하게 확인된다. 볼음도당집은 매해 정월에 만신(萬神)[06]이 직접 당에 올라 제사를 주관했다고 전한다.[07] 그러나 지금 그러한 제사의 모습은 사라진지 오래이다. 현재는 시멘트 구조의 당집만이 그 흔적으로 남아 있을 뿐이다. 과거 당집의 모습은 『서도면지』에서 확인할 수 있는데 시멘트로 지은 사각형의 단순한 형태이고 슬레이트 지붕으로 덮여 있는 다소 허름한 모양이다.

서도면의 유일한 당집인 볼음도당집의 지금 모습은 어떠할까? 2020년 2월 볼음도당집을 찾아 현재의 상태를 확인할 수 있었다. 볼음도당집은 볼음도의 봉화산 기슭에 자리 잡고 있다. 산을 조금 오르면 중턱에 위치한 당집을 볼 수 있다. 현재는 당제(堂祭)가 사라지고 오랫동안 제대로 관리가 이루어지지 않은 탓인지 훼손이 심한 상황이었다. 『서도면지』에 소개된 사진 속의 당집은 허름하기는 했어도 부서진 곳은 없었는데 현재는 벽체와 지붕이 훼손되어 있었다. 내부의 모습도 확인할 수 있었는데 특별한 것은 없고 무언가를 올려놓았던 선반의 흔적만 있었다. 아마 신주라든가 신앙의 상징물을 두었던 것은 아닐까?

▲ 볼음도당집의 내부 모습. 선반(좌)과 하늘이 보이는 천장(우)

▲ 『서도면지』(2015)에 소개된 볼음도당집　　　▲ 현재의 볼음도당집(2020년 2월 촬영)

　　또한 볼음도에는 나무에 붙어산다는 목신대감(木神大監)의 신앙도 전해져 온다. 서도면에서 민간신앙의 대상으로서 가장 분명하게 남아 있는 것은 볼음도의 800년 된 은행나무이다. 볼음도 북서쪽에 있는 이 은행나무(천연기념물 제304호)를 볼음도 사람들은 목신대감으로 여겨 왔다. 800여 년 전 수해가 심할 때 바다에 떠내려 온 것을 심은 것이 자라 오늘에 이른 것이라 한다. 이 은행나무는 높이가 25m

에 이르는 노거수(老巨樹)이다. 매년 1월에 주민들이 풍어제를 지내왔다고 하는데 한국전쟁 이후 출어 금지가 되고서는 더 이상 지내지는 않고 있다. 은행나무를 제사지낼 때 바친 제물은 먹어도 괜찮지만 은행나무에 손상을 가하면 목신이 진노해 재앙을 받고 죽게 된다는 전설이 전해온다.[08]

▲ 천연기념물 제304호 볼음도 은행나무

이 은행나무는 마을의 정자나무이자 마을을 수호하는 당산목으로 음력 정월 그믐날 마을의 평안과 풍어를 기원하는 제사를 지냈지만 지금은 그런 풍습이 사라지고 일부 개인적으로 제사지내는 사람들만 있다고 한다.[09]

볼음도를 찾았을 때 이 은행나무를 찾아가보지 않을 수 없었다. 아마 서도면에서 가장 유명한 명승(名勝)이라고 할 수 있기 때문이었다. 볼음도 은행나무는 섬의 서북쪽 해안 근처에 있다. 은행나무 안내표지를 따라 가다보면 저수지가 있고 저수지 바로 옆 언덕 밑에 커다란 은행나무가 우뚝 서 있다. 실제로 보니 뭔가 영험한 느낌이 드는 것 같았다. 실제 나무에 신이 사는지는 알 수 없지만 외관에서 비범한 기운이 느껴지기는 했다. 수해 때 떠내려 온 것을 다시 심어서 자라났다고 하는데, 실제 그러했는지는 알 수 없지만, 그만큼 강인한 생명력을 지녔고, 또 영험한 존재였다는 것을 상징하는 전승이라고 할 수 있다.

이 책의 집필을 위해 갔던 때는 겨울에 접어들었던 시기라 잎은 모두 떨어진 상태였다. 수령 800년의 나무답게 줄기가 상당히 굵었다. 어른 7명이 두 팔을 맞잡고 빙 둘러야 하는 정도로 현재 나무는 보호를 위해 나무수술로 속을 채워놓았다고 한다.[10] 아무래도 오랜 수령의 나무이니 노환(?)이 오는 것은 당연한 것 같기도 하다. 과거에는 나무 뿌리가 바닷물이 있는 곳까지 드러나기도 하였다고 한다.

은행나무가 있는 언덕을 조금 올라가면 정자가 있고 멀리 바다 건너 북한의 모습도 볼 수 있다. 이 은행나무는 남성을 상징한다고 하고 남근도 자라고 있다고 한다. 연백의 노지산에 있는 은행나무와 서로 마주보고 있다는데 이 둘은 부부나무라고 전해진다. 아침저녁으로 부부가 서로를 부르는 소리를 낸다는 전설도 전해진다.[11] 바다 건너 북한 땅에 아내 나무가 있다니, 마치 분단으로 인해 헤어져 가까이 보고 있으면서도 만날 수 없는 운명을 보여주는 것 같았다. 과거에는 마을신앙의 상징이었지만 이제는 분단의 아픔을 상징하는 나무가 되어버렸다.

서도면을 답사하면서 옛 신앙의 모습들이 이제는 사라지고 있는 모습을 보았다. 앞서 이야기한 풍어굿(또는 풍어제)의 경우 일부 지역에서는 지역행사로서 최근에 새롭게 만들어 내는 경우까지 있다고 한다.[12] 물론 서도면의 경우 지리적 한계상 그런 행사까지 다시 만들어낼 수는 없을 것이다. 그러나 종교적 이유를 떠나서 우리 민족 생활사의 중요한 일부분이라고 할 수 있는 당집 등이 사라지는 것은 어찌 보면 안타까운 일이다. 그 신앙의 대상을 이제는 신봉하지 않는다고 해도 민간신앙의 증거물들은 과거 사람들의 생활과 관념을 보여주는 중요한 증거이다. 이러한 민속자료들에 대한 연구와 보존을 위한 노력도 필요할 것 같다.

한편 우리 민족의 역사와 함께 했다고 할 수 있는 불교의 경우 서도면에서 그 흔적을 찾기가 힘들다. 불교 신앙은 삼국시대 이래 뿌리 깊게 내려 왔고 전국 곳곳에 사찰과 암자가 생겨났다. 아마 서도면도 그에서 예외는 아니었으리라 생각된다. 볼음도 신선봉에도 정상에 절이 있었다는 이야기가 전한다.[13] 그러나 절이 언제 사라졌는지는 전하지 않는다. 섬에서 만난 주민 분들에게서도 절에 대한 이야기는 들을 수 없었다. 아쉽게도 현재는 서도면에서 불교와 관련된 흔적을 찾을 수는 없는 상황이다.

서도면의 설화들

전통신앙과 밀접하게 관련된 것이 바로 지역에 전해오는 설화이다. 지역의 설화에는 신앙의 탄생 이유나 어떤 인물이나 존재가 숭배 대상이 된 이유들이 담겨 있다. 서도면의 섬들에도 이런저런 설화들이 전해져 온다.

설화 속의 인물은 신앙에서 숭배의 대상이 되기도 한다. 우리나라 민간(무속)신앙에서 중요한 숭배의 대상이 되는 인물로는 임경업 장군이 있다. 특히 서해 연안 도서지역의 민간신앙에서 임경업은 중요한 인물이고 다양한 설화도 전해지고 있다. 인천지역의 경우 연평도의 조기잡이와 관련된 임경업설화가 대표적이다. 서도면의 섬들도 임경업과 관련된 신앙과 설화가 전해져 온다.[14]

주문도의 경우 섬의 이름이 임경업과 관련되어 있다고 전해진다. 임경업이 중국에 사신으로 갈 때 주문도에서 임금에게 하직하는 글을 올려 섬의 이름이 '주문(奏文)'이 되었다는 것이다. 볼음도도 임경업 장군과 관계가 있는 섬으로 전해지고 있다. 배를 타고 볼음도에 도착하여 선착장에 내리면 '저어새가 들려주는 볼음도 이야기'라는 그림 안내판을 만날 수 있다. 그 안내판 한켠에는 임경업 장군의 모습이 그려져 있다. 임경업 장군과 볼음도의 인연은 무엇이었을까?[15]

▲ 저어새가 들려주는 볼음도 이야기 안내판

　　이미 널리 알려졌다시피 임경업 장군은 한 맺힌 삶을 산 인물이다. 병자호란 당시 조선은 청에 치욕스런 항복을 하였고 항복 조건으로 청이 명을 치기 위해 출병할 때 조선도 원군을 보내야 했다. 이때 임경업도 출전해야 했는데 그는 적극적으로 나서지 않았고 오히려 명과 내통하기도 하였다.

▲ 임경업 초상(국립중앙박물관 소장)

그런데 1642년(인조 20)에 명의 장수 홍승주(洪承疇)가 청에 항복하고 임경업의 반청 행적을 고했다. 결국 임경업은 체포되어 청으로 압송된다. 그러나 압송 도중 금교역(金郊驛, 현재의 황해북도 금천)에서 탈출하여 산골짜기로 숨어든다. 임경업은 절에서 숨어 지내며 승려의 모습으로 살아간다. 이후 1643년(인조 21)에 명으로 들어갔다가 명이 무너진 뒤 옥에 갇히게 된다. 그러다가 조선에서 심기원(沈器遠)의 역모 사건[16]이 일어나고 임경업이 이 사건에 연루된 것으로 알려지면서 결국 한양으로 끌려와 죽음을 당하고 말았다.

그의 이러한 한 맺힌 삶 때문인지 무속신앙에서 그를 숭배하는 경우가 많고 그와 관련된 다양한 설화도 전해지고 있다. 볼음도의 경우도 임경업의 설화가 전해진다. 명나라로 가던 임경업이 풍랑을 만나 섬에 체류하게 되었는데 그때 섬에서 보름달을 보아 섬의 이름을 만월도(滿月島)라고 하였다고 한다. 이후 보름달의 발음을 그대로 따서 보음도 또는 볼음도라 불리게 되었다는 것이다. 과연 볼음도에 진짜 임경업이 머물렀을까? 그것은 분명히 알 수는 없다. 다만 청의 발흥으로 인해 육로를 이용해 명으로 가는 길이 막혔기 때문에 해상 항로를 이용해 명으로 갔던 것은 맞다고 보인다. 실제 임경업이 바다를 통해 명으로 갔는지는 알 수 없지만 서해 항로를 이용하던 사신들이 서해의 섬에서 머물렀던 가능성은 있다고 봐야 하겠다. 어쨌든 임경업과 볼음도의 이러한 인연 때문에 지금 임경업에게 제사를 지내는 당집이 볼음도에 남아 있다.

신선봉에서도 설화가 전해진다. 신선봉은 볼음도의 봉화산 바로 옆에 있는 봉우리이다. 봉화산에 오르면 옆의 신선봉이 보인다. 신선들이 바둑과 놀이를 즐기던 곳이라 신선봉이라 이름 붙었다고 한다. 신선봉에는 다음과 같은 전설이 있다고 『서도면지』에 기록되어 있다.

> 목욕하는 선녀들의 그 아름다운 모습에 취한 신선들은 그만 선녀를 갖고 싶어진다. '저 웅덩이의 물을 바닷가로 옮겨 놓자. 그러면 선녀들이 바닷가로 내려올 것이며 다시는 하늘로 올라가지 못하겠지.' 신선들은 물길을 산 아래 바닷가로 돌리기 시작한다. 봉우리의 물은 조금씩 바닷가로 내려오게 되지만 선녀들의 모습은 더 이상 볼 수 없게 된다.[17]

그런데 앞서 말한 볼음도 선착장의 이야기 안내판에는 조금 다른 이야기가 적혀 있다.

정상에 선녀들이 내려와 목욕을 했다는 선녀탕이 있었는데 빨래를 하는 바람에 부정을 타서 지금은 물이 말랐다고 함!

『서도면지』에는 봉우리의 물(선녀탕)이 마른 원인이 신선이 물길을 옮겼기 때문이라고 했지만 안내판에는 사람들이 빨래를 한 탓에 부정을 타서 그렇다는 것이다. 원래 설화라는 것이 여러 버전이 있어서 조금씩 다른 내용으로 전해져 오는 경우가 많다. 어쨌든 신선 탓인지 빨래 탓인지는 몰라도 지금 신선봉에는 샘이 남아 있지 않다.

한편 볼음도의 대표적 명물로 앞서 이야기한 수령 800년 된 은행나무가 있다. 섬 북서쪽 바닷가 근처 저수지 옆에 이 은행나무가 우뚝 서 있다. 이 은행나무는 나라에 위기가 닥쳐오면 이상한 소리를 낸다는 이야기가 전한다. 그런 이야기기가 전하는 것이 그렇게 먼 옛날도 아니다. 6.25전쟁이나 4.19혁명 때에도 소리가 났다고 한다.[18] 마을사람들이 다 들을 수 있을 정도의 소리가 났다는데 확인할 길은 없다.[19] 그런데 언제부터인지 더 이상 소리를 내지 않는다고 한다. 왜 나무는 더 이상 울지 않는 것일까. 나이를 너무 많이 먹어서 그런 것인지, 아니면 아직 소리를 낼 정도의 위기가 없어서 그런 것인지. 혹시라도 모르니 두고 볼 일이다.

▲ 봉구산 정상의 모습

　장소를 주문도로 옮겨 보자. 주문도에는 면사무소 인근에 봉구산이라는 나즈막한 산이 하나 있다. 이름에서 알 수 있듯이 과거 봉수대가 있었다고 한다. 하지만 현재 정상에 오르면 통신중계탑만이 있을 뿐 과거 봉수대나 어떤 군사 시설의 모습은 찾기 힘들다.

　봉구산과 관련해서는 멀리 고려 때 삼별초가 이곳에서 봉화를 올렸다는 이야기가 전한다. 삼별초는 고려 조정의 대몽 강화를 반대하고 끝까지 항쟁을 이어가고자 했다. 그래서 당시 고려 수도였던 강화도에서 떠나 진도로 향하게 되었는데 그 경유지가 주문도였다고 한다. 삼별초는 당시 흩어졌던 군사를 다시 모아 진도로 가기 위해 봉구산에 올라 봉화를 이용하여 강화 진강산 봉수대와 연락을 주고 받았다는 이야기가 전한다. 물론 실제 삼별초가 주문도에 왔는지, 또 봉구산에서 봉화를 올렸는지는 확실히 알 수 없지만 삼별초의 대몽 항쟁 출발지인 강화도가 가까이 있어서 만들어진 설화라고 할 수 있다.

한편 분지도라는 곳에도 설화가 전해진다. 분지도는 현재는 서도면 주문도리 소속의 무인도로 사람이 살지 않고 있다. 섬이 둘로 나뉘어 있어 분지도라는 이름이 붙었다고 한다. 『서도면지』에 기록된 분지도 설화는 다음과 같다.

> 과거 분지도에는 한 어부가 딸과 함께 살고 있었다. 어머니가 없어 어부는 힘겨운 바닷일을 하며 어렵게 딸을 키워왔는데 세월이 흘러 늙고 병이 들게 되었다. 딸은 아버지를 살리기 위해 이곳저곳에 약을 구하려 헤맸는데 어느 날 꿈속에서 어머니가 나타나 "내일 저 앞 섬 꼭대기에 오리알이 있을 것인데 그것을 꺼내 정성껏 달여 드리면 아버지의 병이 나을 거야"라고 하였다. 딸은 다음날 어머니의 말을 따라 앞 섬의 정상에 올랐는데 보니 오리알이 잔뜩 쌓여 있었다. 그래서 오리알을 앞치마에 담아 내려오려 할 때 큰 구렁이가 딸을 삼키려고 아가리를 벌리고 있었다. 딸은 크게 놀라 그만 정신을 잃고 말았다. 한참 후 정신을 차리니 그 알들은 오리알이 아니라 구렁이의 알이었던 것이다. 딸은 구렁이이게 먹혀 죽느니 그냥 바다에 몸을 던지는 것이 낫겠다고 생각하고 바다로 뛰어 들었다. 그때 구렁이가 큰 물살을 일으

키며 바다로 들어갔고 바다에서는 큰 바위가 솟았다. 후에 사람들이 이 바위를 딸의 효심으로 생긴 바위라 하여 '처녀바위'라 불렀다고 한다.[20]

과거 설화 중에 많은 부분을 차지하는 효녀 설화이다. 그런데 그렇게 몸을 던진 뒤 아버지를 구했는지는 전해지지 않는 것이 조금 특이하다. 현재 처녀바위라고 특정된 바위도 알려져 있지는 않다.

서도면에도 이처럼 사람들의 생활모습과 관념, 기원을 담은 여러 설화들이 전하고 있다. 앞으로 전문적인 연구를 통하여 이러한 설화들을 잘 살펴보면 서도면 사람들의 과거 삶의 궤적을 추적하는데 큰 도움을 받을 수 있을 것이라 생각된다.

2. 기독교의 전파와 성장

기독교의 서도면 전파 역사

강화는 전반적으로 기독교(개신교)가 상당히 깊고 넓게 뿌리내리고 있는 지역이다. 강화를 방문하면 곳곳에 산재되어 있는 교회들을 만날 수 있다. 현재 강화군에 속하는 서도면도 마찬가지이다. 서도면 사람들 신앙생활의 중심에는 기독교가 있다. 기독교는 섬 사람들에게 완전히 삶의 일부로 자리잡았고 교회가 가지는 영향력도 상당하다. 교회는 지역에서 주민들의 소통과 교류의 장이 되었다. 과거 민간의 마을신앙이 갖던 지위를 이제 기독교(교회)가 갖고 있다고 해도 과언이 아니다.

서도면의 유인도 네 곳에는 모두 교회가 있다. 주문도의 서도중앙교회와 서도교회, 볼음도의 볼음교회, 아차도의 아차도교회, 말도의 말도등대교회가 그곳이다. 서도면의 기독교 전파역사에서 그리고 교회 건물의 문화재적 차원에서 모두 가장 중요하다고 할 수 있는 교회는 서도중앙교회이다. 서도면의 기독교 역사를 이해하기 위해서는 서도중앙교회의 역사를 알아 볼 필요가 있다.[21]

▲ 서도중앙교회의 모습. 좌측으로 종탑, 우측으로는 새 예배당의 모습이 보인다.

서도면을 포함한 강화군은 기독교 중에서도 주로 감리교, 더 구체적으로 말하자면 미국의 북감리교가 전파된 곳이다. 미국 선교사 아펜젤러가 1885년 서울에 정동교회를 세운 뒤 감리교는 전국적으로 퍼져나갔고, 강화도에는 인천 내리교회의 담임목사이기도 한 존스가 선교에 앞장섰다.

주문도에 기독교가 전파된 것은 1893년이라고 한다. 그때 먼저 들어온 교단은 감리교가 아닌 성공회(聖公會, Anglican Communion)였다. 영국 성공회 신부가 처음으로 포교활동을 시작하였다. 당시 주문도에 들어온 성공회 신부는 워너(L·O·Warner, 王大人)였고 영국 해군 대위가 동행했는데 그가 콜웰(William H. Callwell, 葛大人)이다. 워너 신부는 강화도에 처음으로 성공회를 포교한 인물이기도 하다. 그가 강화도에 들어오고 같은 해 주문도까지 들어갔던 것이다. 이때 삼산면

매음리의 윤정일이라는 사람이 통역을 위해 동행하였다. 그러나 당시에는 주문도에서 신자가 나오지 않았다고 한다. 비록 당시에 신자를 만들지는 못했지만 서도중앙교회에서는 이때를 선교 원년으로 삼고 있다. 그래서 1993년 선교백주년 기념예배를 봉헌하기도 했다.

1902년 윤정일은 감리교 신자로서 다시 주문도에 들어온다. 감리교 목사였던 존스가 강화에 들어와 교산교회를 세운 것이 성공회 포교와 같은 시기인 1893년이다. 처음 주문도에 들어왔을 때는 통역과 안내의 목적으로 왔지만, 두 번째 방문은 전교라는 분명한 목적을 가졌다. 당시 처음으로 전도가 된 인물이 김근영이다. 그는 먼저 개성에서 천주교를 알았고 스스로 성서를 읽으며 교리 공부를 하고 있던 인물로 이미 기독교 신앙에 대한 기본적인 이해가 있었다고 한다. 윤정일은 전도를 위해 온 또 다른 인물인 권신일과 함께 김근영의 집을 근거로 선교에 나섰다. 윤정일과 권신일 두 사람은 강화도 기독교 전파에서 매우 중요한 인물이다. 특히 권신일은 강화도에 두 번째로 세워진 홍의교회를 설립하는데 앞장서기도 했다.

1906년에는 박승형이라는 인물이 기독교로 개종하고 가족들까지 모두 개종하기 시작했다. 당시 박승형의 집안은 주문도에서 꽤 위세가 높았다. 이런 집안이 기독교화 되자 주변에 미치는 영향력도 상당했던 것으로 보인다. 박승형의 개종 이후 주문도 교회의 신자는 수백에 이르게 되었다.

교세가 커지면서 교회는 학교도 만든다. 바로 영생학교가 그것이다. 1905년 김근영이 교회와 협력하여 학교를 만들게 되었다. 학교가

정식으로 설립된 것은 1906년 1월이었다. 이 영생학교가 현재의 서도
초등학교이다. 영생학교는 1937년 서도국민학교가 되었고 사립에서
공립학교로 전환되었다. 현재 교회 바로 근처에 서도초등학교의 구
교사(舊校舍)와 운동장이 남아 있다. 구 교사의 자리는 과거 주문도진
이 위치했던 곳으로 전해진다.

▲ 현재의 볼음교회

▲ 볼음교회 옛 건물

서도중앙교회라는 이름은 1978년에 붙은 것이다. 그 이전에는 진
촌교회, 또는 주문교회라고 불렸다. 지금까지 서도중앙교회는 주문
도 주민들의 삶에서 중요한 위치를 차지하고 있다.

서도면에서 서도중앙교회와 함께 오랜 역사를 가진 교회가 볼음
교회이다.[22] 볼음도 기독교 전파에 큰 역할을 한 인물 역시 윤정일이
었다. 윤정일이 1902년 3월 볼음도에 전도를 하여 당시 서당훈장이
었던 유봉래가 신자가 되어 그 서당에서 사람들에게 성경을 읽어주
기 시작한 것이 볼음도 교회의 시작이라고 한다.

원래 볼음교회는 주문교회의 도움을 많이 받았다. 1951년까지 주

▲ 서도교회

▲ 아차도교회

▲ 말도등대교회

문교회의 담임자가 순회하며 볼음교회를 맡았던 것으로 보인다. 그러다가 1952년 주문구역으로 묶여 있던 교역이 볼음구역으로 분리되면서 비로소 볼음교회는 독립된 교회사가 시작되었다. 현재의 교회 건물은 1990년 원래 교회의 주변 산 부지를 매입하여 신축한 것이다. 볼음교회에는 원래 목사가 없었는데 6.25 이후 피난 온 목사가 예배를 보면서 목사가 배치되었다고 한다.

이 외에도 주문도의 서도교회, 아차도의 아차도교회, 말도의 말도등대교회 등의 교회가 서도면의 주민들과 밀접한 관계를 맺어오고 있다.

개신교 교회와 주문도 사람들

서도면 사람들의 삶을 알기 위해서는 그들의 신앙생활과 교회사(教會史)를 알아보아야 한다. 서도면에서 교회의 영향력이 그만큼 강하기 때문이다. 사전 조사를 위해 방문했던 주문도의 경로당에서 지역 어르신들을 만났는데 모두 교회 신자였다. 노인회 총무님께서는 이곳 사람들은 대부분 태어날 때부터 모태신앙이라고 한다. 즉 어렸을 때부터 기독교 신앙이라는 것으로 연결되었고 이후의 삶에서도 교회는 중심에 위치하고 있었다.

서도면의 경우 인구가 많지 않고 주변에 특별한 여흥거리도 없다. 외부와의 교통도 하루 두 편의 배로 제한되어 있다. 이곳에서 교회는 사람들을 정신적으로 연결시켜 주고 서로를 생활공동체로 인식하게 해주는 중심이었다. 물론 신에게 구원을 받겠다는 기독교 교리 그 자체도 그들에게 중요하겠지만 교회는 이웃과 자신을 연결하기 위한 일종의 커뮤니티 센터라고 할 수 있다.

결국 서도면을 이해하기 위해서 특히 근현대 서도면의 역사와 사람들의 삶을 이해하기 위해서는 교회를 방문하지 않을 수 없었다. 서도면을 방문했을 때 지역에 대한 이야기를 듣고자 경로당을 찾았는데, 경로당의 어르신들도 교회 목사님을 만나보는 게 좋겠다고 하셨다.

경로당을 나와 서도중앙교회와 서도면 기독교의 역사에 대해 상세히 알아보기 위해 교회를 방문하였다. 교회 옆에 있는 집의 문을 두드리니 운 좋게도 목사님이 계셔서 만날 수 있었다. 예고 없는 갑작스러운 방문에 목사님은 처음에 조금 당황해하셨다. 하지만 서도중앙교회에 대한 이야기를 듣고 싶다고 말씀드리자 친절하면서도 상세하게 교회와 본인이 이곳에 오게 된 이야기, 그리고 이곳에서의 개인적인 삶의 이야기까지 다양한 말씀들을 해주셨다.

목사님의 이름은 박형복이고 1994년 서도중앙교회에 부임해 오셨다고 한다. 이 교회에 어떻게 오게 되었냐고 질문하니 "하나님이 가라고 해서 왔다"고 한다. 또 언제 가실 거냐고 여쭤보니 "하나님이 떠나라고 하면 떠난다"고 하신다. 정말 독실하고 순수한 종교적 사명감을 느꼈다. 박 목사님은 역대 서도중앙교회 담임자 중에서는 두 번째로 오랫동안 목사를 맡고 계신다고 한다.

목사님은 주문도에서 교회의 역할에 대해 강조하셨다. 서도면을 비롯해 강화도 전역에서 기독교의 세가 크지만 그 중에서도 주문도는 상당히 특이한 모습이라고 한다. 지역의 중요한 행사에서 교회 목사는 꼭 초청 대상이고 군수 등 정치인이 섬을 방문할 때도 교회 목사를 반드시 만난다는 것이다. 그것은 특정 종교의 문제가 아니라 교회가 상당한 중요성을 갖는 지역사회의 특성을 반영한 것이라고 이해할 수 있다.

목사님의 이야기 중 인상적인 것은 섬에서의 생활에 대한 것이었다. 목사님은 섬에서는 버리는 삶을 살아야 한다고 하셨다. 육지와 멀리 떨어져 많은 것이 부족한 이곳에서 많은 것을 바라는 것은 스스로를 힘들게 만들 뿐이라는 것이다. 부족한 것은 부족한 대로, 느린 것은 느린 대로 그냥 자연스럽게 순응하며 사는 것이 이 섬에 적응하는 길이라는 의미이다.

도시에서 살던 나는 서도면에서 보낸 시간이 겨우 1박2일이었지만 매우 답답하고 불편한 점이 많았다. 그런데 이 섬에서 계속 살기 위해서는 많은 것을 포기하고 그런 불편한 점들을 그냥 자연스러운 생활의 일부로 받아들여야 하는 것이 맞다. 그렇지 못하면 괴롭고 우울해질 뿐이다.

물론 과거와 달리 이제 전기 공급도 잘 되고 전화 등 통신도 막힘이 없다. 섬에서의 불편은 과거에 비해 많이 줄어든 것이 사실이다. 그러나 하루에 나가는 배가 두 편 밖에 없는 섬의 삶은 도시에 비해 불편한 점이 많다. 버리고 살기, 느리게 살기를 실천해야 섬에서의 삶이 가능할 듯 했다.

목사님 개인적으로도 종교적 사명감을 가지고 이곳에 왔지만 어렵고 힘든 점들은 많다고 털어놓았다. 그럼에도 불구하고 목사님은 섬에서의 삶을 계속 영위하고 있었다. 그런 모습을 보면서 비록 과학 기술이 발달되고 자본주의가 맹위를 떨치는 현대 사회이지만 종교의 힘이란 아직도 강하구나, 라는 생각이 들었다.

목사님과의 이야기를 끝마친 뒤 감사의 인사를 드리고 작별했다. 목사님은 교회사에 대한 참고 자료도 별도로 보내주겠다고 하셨다. 육지에서 먼 곳까지 들어와 서도면의 역사에 대해 알아보겠다는 모습을 좋게 봐 주신 것 같다. 이 글을 빌려 감사의 인사를 드린다.

서도중앙교회 건물의 특징과 매력

서도중앙교회는 서도면 기독교의 역사에서도 중요하지만 건축사적이나 문화재적인 측면에서도 중요하다. 서양의 교회가 한국에 들어오면서 교회 건물이 어떻게 한국 전통양식과 건축적으로 결합하였는가를 보여주는 증거이기 때문이다.

주문도에 방문하면 꼭 찾아봐야 할 문화재로서 중요한 것이 서도중앙교회이다. 주문도리 경로당에서 언덕을 조금만 올라가면 서도중앙교회가 있다. 교회는 옛 전통 한옥형태로 지어진 건물이다. 한옥 교회로 대표적인 것으로는 강화도에 있는 강화읍의 강화성공회성당과 온수리 성공회성당을 들 수 있다. 모두 전통 한옥(사찰) 건축과 서양의 건축양식이 결합된 독특한 형태의 건축물로서 서양종교가 한국에 들어오면서 한국인의 정서에 융합하기 위한 노력을 엿볼 수 있다.

▲ 서도중앙교회 현판

▲ 서도중앙교회의 새 예배당

▲ 서도중앙교회의 내부

문화재로 지정된 구 예배당 건물 외에 새로운 예배당 건물도 더 위쪽에 건립되어 있다. 그리고 구 예배당 건물 옆에는 목사님이 지내는 집이 자리잡고 있다.

서도중앙교회 건물도 기독교의 한국 토착화 모습을 보여주는 중요한 증거이다. 현재의 건물은 1923년 신자들이 헌금 7천 원을 모아 개축한 것이다. 당시 목재와 기와를 강화 본도에서 배로 실어왔는데 나루터에서 소달구지로 실어 날랐다고 한다. 그런데 그 길이 매우 험해서 달구지를 끌던 소 두 마리가 죽었다는 것이다. 그래서 신자들은 이 교회를 소 두 마리 제물 삼아 만든 교회라고도 부른다고 한다.[23] 교회 건물을 짓는 일이 쉽지는 않았음을 보여주는 일화이다.

인천광역시 문화재자료 제14호로 지정된 건물은 정면 4칸 측면 7칸이며 지붕은 팔작지붕이다. 현재는 종탑이 건물 옆에 따로 설치되어 있지만 건물 전면에는 종탑부로 쓰였던 구조물이 남아 있다. 그것까지 합하면 정면 4칸 측면 8칸의 건물이다. 건물 전면의 종탑부는 2층으로 이루어졌고 상층지붕의 모양은 우진각지붕이다.

교회에는 한자로 된 현판이 있다. 현판에는 '基督敎 大韓監理會 鎭村敎會'(기독교 대한감리회 진촌교회)라고 쓰여 있다. '진촌교회'는 서도중앙교회의 옛 이름이다. 주문도에 주문도진(注文島鎭)이 있었기 때문에 '진촌'이라는 마을 이름을 붙인 것이다.

2층 종탑부의 창살이 매력적이다. 정면 2칸, 측면 1칸 씩 모두 4면에 팔각 창호에 십자 모양으로 창살을 설치했다. 종탑부를 제외한 건물의 외벽에는 하부에 화방벽(火防壁)을 설치하고 상부는 창호와 회

벽을 번갈아 배치하였다.

건물의 내부로 들어가보면 나무로 만든 기둥들이 열을 맞추어 들어서 있고 바닥도 역시 나무 재질의 마루로 되어 있다. 신자들이 신발을 벗고 들어와 마루에 앉아서 예배를 보는 방식이다. 건물은 한옥이지만 서양의 건축양식인 바실리카(basilica) 양식[24]을 따랐다. 마루에 앉아 도란도란 모여 예배를 보는 모습이 매우 정겨울 것 같았다.

한 가지 재미있는 관례는 예배를 볼 때 남녀가 자리를 나누어서 앉는다는 것이다. 이성의 자리가 아무리 많이 남아도 그쪽으로는 가서 앉지를 않는다고 한다. 이것은 교회에 강제 규정이 있는 것도 아니고 누가 시킨 것도 아니다. 그런데 과거부터 지금까지 신자들이 알아서 그렇게 해오고 있다는 것이다.

예배당 입구에서 서서 봤을 때 우측 벽체 상단에는 편액(扁額)이 세 개 걸려 있다. 가장 오래된 것은 1926년에 쓴 영세기념사(永世記念辭)이다. 1917년 이곳에 부임한 종순일(鍾純一) 목사(영생학교 학감)와 영생학교 교감 윤인호(尹仁浩) 씨의 교사(校舍) 신축을 위한 헌신과 노력을 찬미하는 내용으로 영생학교의 교원인 신원철(申元澈)과 모태정(牟泰貞)이 썼다.

그 다음은 1927년 담임목사였던 김성대(金成大)가 쓴 것으로 교회에 종을 기부한 윤성심(尹聖心) 여사를 기념하는 기념서(紀念書)이다. 이 글에 따르면 윤성심 여사의 부친인 평안북도 출신 윤기현(尹基鉉) 선생이 종을 기증했는데, 그 종이 파손되어 딸인 윤 여사가 새로운 종을 기증했다고 한다.

마지막 편액은 서도중앙교회의 창립 백주년을 기념하는 축시(祝詩)로 1993년 이기삼(李起三) 목사가 지었다. 이기삼 목사는 1960년 말에 서도중앙교회에서 일했다고 한다.[25]

▲ 종순일, 윤인호 영세기념사

▲ 윤성심 여사 기념서

▲ 서도중앙교회 창립 백주년 축시

▲ 과거 종탑부로 오르는 계단

과거의 종탑부는 현재 창고로 이용하고 있었다. 교회 입구로 들어와 바로 옆에 있는 계단으로 오르면 종탑부의 내부를 확인할 수 있다. 예전에는 이곳에 올라 교회의 예배를 알리는 종을 쳤을 것이다.

서도중앙교회의 건물 외관 자체는 크게 화려하거나 웅장하지는 않다. 내부도 간결하고 소박하게 구성되어 있다. 주문도라는 작은 섬에 굳이 큼직하고 화려하게 치장한 건물을 만들 필요는 없었을 것이다. 소박한 교회의 모습은 주변 풍경과 잘 어울려 멋들어지면서도 푸근한 모습을 만들어낸다.

강화도의 두 성공회 성당에서도 경험했지만 한옥과 서양의 건축양식이 만나 만들어진 건물은 묘한 매력을 느끼게 한다. 동서양의 조화로운 만남이 이루어진 것 같은 느낌이다. 물론 제국주의 시대 서양 종교의 포교는 열강 침략의 일환이기도 했고 때로는 폭력을 동반하기도 했다. 그리고 서양종교의 전파로 인해 지역의 토착문화가 억압받고 사라지기도 한 어두운 역사가 있다는 점도 잊을 수는 없다. 하지만 서도중앙교회의 모습에서 우리 민족의 역사와 하나로 평화롭게 융화되는 서양종교를 느낄 수 있다.

참고문헌

『조선왕조실록』

한국학중앙연구원, 『한국민족문화대백과사전』
서도면지편찬위원회, 『서도면지』, 2015.

이덕주, 「한국 기독교 문화유적을 찾아서-눈물의 섬 강화 이야기(6)」, 『기독교사
　　상』 1997년 1월호, 대한기독교서회, 1997.
이영수, 「인천지역 임경업 장군 설화 연구」, 『동양학』65, 단국대학교 동양학연구
　　원, 2016.
홍태한, 「서해안 풍어굿의 분포, 양상과 특징」, 『실천민속학연구』30, 실천민속학
　　회, 2017.

서쪽 바다의 작은 섬들, 따뜻한 사람들이 사는 곳

'인천광역시 강화군 서도면'

행정구역 상 서도면(西島面)이라는 이름으로 묶인 네 개의 작은 섬들. 사실 이 책을 쓰기 전까지 나는 솔직히 서도면이 어떤 곳인지 잘 몰랐다. 강화군에 속하기는 하지만, '지붕 없는 박물관'이라 불리는 강화도 본 섬이나 역시 역사적으로 중요한 위치에 있던 교동도, 인기 있는 관광지인 석모도에 비하면 서도면의 작은 섬들은 사람들에게 그다지 알려져 있지 않았다. 개인적으로도 서도면에 속하는 주문도, 아차도, 볼음도, 말도라는 섬들에 대해서 아는 것은 사실 거의 없었다.

이 책을 쓰기 위해 서도면을 처음으로 찾게 되었다. 직접 본 서도면의 첫인상은 참 아름답다는 것이었다. 서도면의 섬들에 와서 보니 서해의 섬들이 왜 인천의 소중한 자원인지 깊이 느낄 수 있게 되었다. 이렇게 아름다운 곳들을 이제야 알게 되었다니! 섬도, 주변의 바다도 포근하게 나를 맞아주었다. 산과 숲, 들판, 갯벌, 바다가 어우러진 풍경 속에서 마음이 편안해졌다. 파도 소리만이 들리는 한적한 해변 모래밭에 서서 바다를 바라보고 있노라면 속세(?)의 자잘한 고민들이 모두 파도와 함께 쓸려 나가는 것만 같았다.

그러나 서도면에서 아름다운 풍경보다 마음 깊이 간직될 기억으로 남은 것이 있다. 바로 소박하고 친절한 섬 주민들과의 만남이다. 자료 수집을 위해 인터뷰를 할 때, 물건을 사기 위해 가게에 들렀을 때, 숙식을 위해 민박집에 갔을 때, 그 어느 때에도 주민 분들은 모두 따뜻하고 친절하게 우리를 맞이해 주셨다. 처음 보는 낯선 사람들에게도 친절과 호의를 베풀어주시고 또 자신의 삶과 섬사람들의 발자취를 정성을 다해 설명해주시는 모습을 보니 서도면의 섬들은 육지와 멀리 떨어져 조금 불편하기는 해도 정말 사람이 살만한 곳임을 알게 되었다.

처음 서도면에 도착했을 때 성의를 다해 안내해 주신 면사무소의 직원 분, 섬에서의 삶을 재미있게 설명해주신 주문2리 노인회 어르신들, 약속도 없이 갑자기 찾아뵈었음에도 교회의 역사를 꼼꼼히 알려주신 서도중앙교회 박형복 목사님, 볼음도에서 나고 자란 이야기와 함께 이곳저곳을 직접 안내해주신 이문철 님, 지역발전에 대한 우직하고 확고한 신념을 갖고 계셨던 말도리 홍근기 이장님, 한강하구 미등록 선박 접근금지 표지판 사진을 제공해 주신 고준석 말도 소초장님, 인터뷰를 위해 찾아뵌 우리에게 푸짐한 식사까지 직접 차려주신 송동순 여사님 등등… 섬에 살고계신 주민들과의 만남이 이 책을 쓰면서 남은 가장 소중한 기억이었다.

서도면에 대한 글을 마무리하면서 생각해 본다. 서쪽 바다 작은 섬에서 진정 소중한 존재는 바로 그 섬에 살고 있는 사람들이라는 것을. 그리고 기원해 본다. 부디 섬사람들이 소박하지만 따뜻하고 행복한 삶을 평화롭게 이어가기를.

안홍민 씀

제1장 | 가깝고도 먼 서쪽 섬 이야기

01 총독부기록물, 「강화군(江華郡) 외 2군 면 폐합에 관한 건」(1914), 국가기록원.

02 매일신보 1936년 12월 17일 기사 〈江華郡西島面 新築移轉終了〉
: 【江華】江華郡 西島面事務所는 注文島에다가 移轉新築中이든바 去十二日에 新舍屋으로 移轉하엿다 한다.

03 매일신보 1945년 6월 6일 기사 〈西島面出張所新設〉
: 【江華】강화군 서도면 보름도는 면사무소 소재지인 주문도와 거리관계로 말미암아 말단행정에 만전을 기할 수가 업서 서도면에서는 동 보름도에다가 출장소 설치할 것을 당국에 요망코 잇던바 이즈음 설치하기로 결정하고 집무를 개시하엿던바 지난 三일 오후 二시부터 히로야마(廣山) 군수 이시이(石井) 서장 외 관민 다수가 임석하여 성대한 개소식을 거행하얏다.

04 선박안전 조업규칙 [시행 2017. 7. 28.] [해양수산부령 제251호, 2017. 7. 28., 타법개정] 제3조(어로한계선) - (중략) ② 서해에서 어로한계선은 다음의 각 점을 차례로 연결하는 선으로 한다.
1. 강화도 창후리항 선착장 최끝단 / 2. 교동도 읍내리 남산포항 선착장 최끝단 / 3. 미법도 최동단 / 4. 서검도 최동단 / 5. 볼음도 최남단 / 6. 주문도 최서단 / 7. 주문도 최남단 … (중략)

05 저수심일 경우에는 갯벌퇴적으로 인하여 외포리에서 선박 운항이 불가능하기 때문에 기항지가 선수선착장으로 변동되기도 한다. 선수선착장은 외포리에서 10km 거리에 있으며 차량으로 15분 정도 소요되니 반드시 홈페이지를 참고하여야 한다.

06 서도면은 최근 혼잡함을 피할 수 있는 도심 근교의 피서지로 각광 받고 있어 휴가철에는 하루에 세 차례 운항하기도 한다.

07 매일신보 1933年 11월 8일 기사 〈江華島와 島嶼面間 交通網漸次完備 삼신 긔선회사가 왕복 연락키로〉
: 【江華】 강화 도서면(江華島嶼面)은 멀리 황해(黃海) 가운데 잇는이 만치 본도 연락긔관(本島連絡機關)이 불충분하야 생활상 다대한 영향(影響)이 잇슴을 늣 기게 된 도서면민의 맹렬(猛烈)한 진정(陳情)이 한두번 안이엿섯다 함은 본보 에 여러번 보도한 바어니와 강화교통긔관으로 자랑할만한 삼신긔선주식회사 (森信汽船株式會社)에서는 도서면민 간망(懇望)에 감동되얏다는 것보다 이때것 도서교통(島嶼交通)을 불고(不顧) 하얏슴은 본 회사의 수치(羞恥)일 뿐안이라 강 화일은 강화사람이 해야하겟다는 장(壯)한 목적으로 본도 월곳항(月串港)을 긔점 (起點)으로 교동도(喬桐島) 삼산(三山) 서도(西島)로 매일 왕복하야 … (중략)

08 매일신보 1931年 1월 28일 기사 〈森信汽船會社 仁川支店新築 海州棧橋로〉
: 【仁川】 江華森信汽船株式會社 仁川支店의 現在 屋舍는 同社 社運의 發展으 로 말미암아 狹隘을 늣겨오는 터임으로 港町一丁目五番地(海州棧橋)에 新屋舍 를 建築中이든바 竣工이 갓가 습으로 來二月一日부터는 新屋舍에 移轉하야 執務키로 決定되엇다.

09 동아일보 1937년 6월 21일 기사 〈江華西島線 新造汽船就航 從來보다 二時間 短縮〉
: 【江華】 강화와 서도(西島)간의 항로는 체신국의 보조항로로서 종래 조그마한 발동선을 운전하야 여객에 불편이 만흘 것을 생각한 삼신운수(森信運輸) 회사 에서는 금번 四十돈 七마력에 승객 五十명을 수용할 신긔선 수원환(水原丸)을 새로이 구입하야 지난 十九일부터 새로이 취항하기로 하고 강화신문 기자단 을 필두로 관민유지를 초청하야 지난 十八일에 성대한 시승회를 개최하엿엇 다고 한다.

10 매일신보 1944년 1월 7일 기사 〈航運業界의 巨星 江華航運組合〉
: 航運業界의 霸王의 存在로 이 江華航運組合은 六隻의 發動船을 所有하고 江 華 仁川 領井浦 延白 京城麻浦 西島 各線의 航路를 航海하는 重要 交通運輸機 關으로 戰時下 航運交通上 重大使命을 다하고 잇다. … (중략)

11 주문도에서 출발하여 강화를 남쪽 방향으로 운항하는 항로로 현재 삼보해운이
    운항하는 항로이다.

12 주문도에서 아차도, 볼음도를 거쳐 서검도~교동도~석모도~강화를 운항하는
    항로로 암초가 많아 잦은 사고가 발생하였으며, NLL과 가까워 안개가 끼면 운
    항을 하지 못한 경우가 많았다.

13 인천광역시 강화군,『인천광역시 강화기본통계』, 강화군 기획예산실, 2019.

14 『각사등록』, 함풍 8년 12월 10일.
    : 注文鎭水軍僉節制使玄得柔, 刪柔得中, 匍匐救民, 上.

15 『삼국사기』 권37, 잡지 6, 지리4, 高句麗 漢山州 達乙省縣.
    : 達乙省縣 [漢氏美女, 於高山頭點烽火, 迎安臧王之處, 故後名高烽]

16 『선화봉사고려도경』 권35, 해도2, 黑山.
    : 每中朝人使舟至, 遇夜於山巓, 明火於逢燧, 諸山次第相應, 以迄王城, 自此山
    始也.

17 『고려사』 권81, 지35, 병1, 五軍.
    : 西北面兵馬使曹晉若奏, "定烽燧式, 平時, 夜火晝烟各一, 二急二, 三急三, 四
    急四, 每所防丁二·白丁二十人, 各例給平田一結."

18 『고려사』 권32, 세가32, 충렬왕 28년 12월.
    : 摘撥本國軍官軍人, 見於合浦·加德·東萊·蔚州·竹林·巨濟·角山·內禮梁等, 所
    把隘口去處及耽羅等處分俵, 置立烽燧, 暗藏船兵, 日夜看望巡綽, 專一隄備日
    本國, 賊軍勾當, 到今不曾有失節次.

19 강화군 군사편찬위원회,『신편강화사증보(上)』, 강화군, 2016, p.377.

20 이경수,『강화도史』, 역사공간, 2016, p.58.

21 『비변사등록』, 숙종 12년 9월 8일.
    : 江都瞭望, 有兩處, 長峯島則瞭望三南水路, 注文島則瞭望西邊水路, 以武士中
    勤幹者, 差定監官, 晝夜守直, 其役甚苦矣,

22 박상일,「朝鮮時代의 烽燧運營과 遺蹟現況-第5炬 烽燧路線을 중심으로-」,『博
    物館報』7, 청주대학교박물관, 1994, p.36.

23 강화군·육군박물관, 『강화도의 국방유적』, 2000, pp.204~205.

24 서도면지편찬위원회, 『서도면지』, 2014, p.114.

25 인천광역시립박물관, 『인천광역시립박물관 조사보고21-강화의 마장(지표조사
    보고서)』, 2007, p.47.

26 인천광역시립박물관, 위의 글, 2007, p.22.

27 『세종실록』권21, 세종 5년 8월 경술.
    又曰: "中國去年求馬一萬匹, 今又求一萬匹, 本國之馬比舊爲減, 又未强壯. 往
    時士大夫家有馬, 不下數匹, 庶民皆有實馬, 今士人之家不過一匹, 亦皆疲弱, 況
    庶民乎? 軍政莫急於馬, 而擇實馬二萬匹以獻, 則是減二萬騎兵也. 此臣所以中
    夜不寢而憂慮者也. 我太祖在高皇帝朝, 無獻馬三四千之時, 臣以爲奏請減半,
    只進五千匹爲便. 不得已而畢獻, 則待來年而獻可也. 今皇帝凡所施爲, 多非有
    道之事. 北狄大亂, 征戰不已, 則以我國褊少, 其能應無已之求乎?

28 남도영, 『韓國馬政史』, 한국마사회마사박물관, 1996, p.246.

29 남도영, 위의 책, 1996, pp.423~425.

30 『태종실록』권29, 태종 15년 경신 1월 21일.
    : 江華新牧場成, 周回六萬七千一百四十八尺. 戶曹判書朴信啓: "江華馬場牧子,
    曾以其民定屬, 其心以爲, 一稱牧子, 終身未免, 且至子孫, 亦未免牧子之名, 而
    流離者, 已四十餘戶. 乞以牧場附近之民, 輪番看飼, 如船軍例, 使無牧子之名,
    則流移之弊息矣." 上曰: "卿不識予意, 予欲令江華之民移徙也. 曾移濟州之馬
    於龍媒島牧養之, 其馬勝於濟州之馬. 龍媒地多石磧磽薄而猶能如此, 況江華土
    厚草豐乎? 若以江華之地, 全爲牧場, 則予知不下於濟州矣. 濟州, 中國屢稱之,
    而且海路阻險, 往來之際, 人多溺死, 卒有緩急, 不及於用, 豈可徒仰濟州而不
    慮乎? 宜移文江華府, 將移徙之民所耕田畓, 毋使民加占, 棄爲荒野, 期至江
    華之境, 盡爲牧場, 則軍國之馬, 豈不有餘用哉? 雖糧餉有餘, 徒步何能有
    爲?"

31 『신증동국여지승람』, 『강도지』, 『강화부목장지도』에서도 주문도 목장에 관한
    기록을 확인할 수 있다.

32 『세종실록』권51, 세종 13년 임진 3월 28일.

仍命曹與司僕寺提調, 議訪牧場處, "今考去年丁未年牧場革除, 京畿 陽城縣 槐台吉串, 水原府 弘原串, 仁川郡 龍流島·無衣島, 南陽府 仙甘彌島, 江華府 注文島, 黃海道 海州 睡鴨島, 忠淸道 唐津縣 孟串, 泰安郡 多利串, 藍浦縣 津串及曾革咸吉道 安邊府 押戎, 龍津縣 反上 四訥, 洪原縣 馬郎耳島, 北靑府 羅萬北島, 皆可放養. 又於慶尙, 全羅道, 訪得水草俱足, 可以放牧處, 使之入牧. 其買牛隻, 則以各道魚鹽所出及各營公物貿易." 從之.

33 『세종실록』권74, 세종 18년 무오 7월 25일

: 兵曹啓: "咸吉道 都連浦牧場以咸興少尹, 末應島牧場以永興判官, 豆彦台牧場以知端川郡事, 馬郎耳島牧場以洪原縣監, 反上四訥島牧場以龍津縣令, 忠淸道大山串牧場以知瑞山郡事, 興陽串牧場以結城縣監, 元山島牧場以高鸞萬戶, 開也召島牧場以舒川浦萬戶, 難智島牧場以唐津浦萬戶, 全羅道 智島牧場以咸平縣監, 道陽串牧場以知高興縣事, 臨淄島牧場以右道都萬戶, 長山島牧場以周梁都萬戶, 慈恩島牧場以多慶浦萬戶, 慶尙道 吾海項牧場及石乙浦牧場以東萊縣事, 加助音島牧場以巨濟縣事, 京畿 紫燕島·龍流島·無衣島牧場以知仁川郡事, 大阜島·呂興島牧場以南陽都護府使, 德積島·士也串·伊作島·召忽島牧場以左道僉節制使, 煤島·長峯島·位島牧場以井浦萬戶, 注文島·甫音島牧場以右道僉節制使兼差, 竝革監牧官何如?" 從之.

34 이형상,『강도지』

: 注文島, [馬一百六十二, 牛九匹]

35 『비변사등록』, 숙종 38년 6월 4일.

: (중략) 注文之馬, 亦惡於鎭江, 而今若移放於他處, 則必不免傷損之患, 以上年北一場馬移放者驗之, 殞斃殆盡, 豈不可惜.

36 『승정원일기』, 숙종 38년 5월 6일.

: (중략) 臣親往注文, 詳察事勢, 兼監牧, 不移馬, 終有所掣肘難處者, 蓋本島, 南北長而東西狹, 周回雖近二十里, 除山角嶢峭之地, 則水草豐茂之處, 長不過五里, 廣僅一里, 土卒種牟, 馬群盡齕, 無望收穫, 前頭畜穀, 亦必如此, 今若高築馬城, 使不得放逸, 則不但馬群無遊食蕃畜之勢, 本牧牧子, 只是五名, 實無逐年修築之望,… (중략)

37 배우성, 「조선후기 沿海·島嶼지역에 대한 국가의 인식 변화」, 『도서문화』15, 목포대도서문화연구원, 1997, pp.312~313.

38 남도영, 앞의 책, 1996, p.437.

39 『속수증보강도부지』, 제12장 종교·교육·산업·기관및그위치, 제4절 교육기관 2, 사립학교, 영생학교.

40 서도 초·중·고 홈페이지 참조 http://seodo.icehs.kr

41 인천일보 2020년 2월 11일 신입생 한명도 없는 초교 '7곳'.

42 임학성, 「조선시기 京畿 島嶼지역의 空間認識 변화-국영목장 설치에서 수군진 설치로-」, 『도서문화』43, 2014, p.50.

43 『인조실록』권20, 인조 7년 2월 13일 기해.
: 陞喬桐縣爲府, 以邊瀛爲京畿水使, 移鎭喬桐, 兼行府使事. 備局以爲: "花梁僻在一隅, 不合於水營. 喬桐與延安隔一水, 設營於此, 則可以掎角江都", 建請移之. 蓋金瑬之議也.

44 인천광역시, 『인천광역시사①미추홀2000년정명600년』, 인천광역시사편찬위원회, 2013, pp.199~200.

45 『승정원일기』숙종 10년 10월 17일.
: 江華留守尹堦所啓, 長案·注文·兩島, 亦是江華門戶, 似當設鎭, 而若爲設鎭置以邊將, 則居民尠少, 難以成樣, 料布給代, 亦無出處, 姑以本府人解事者, 定送兩島, 使之次知烽燧瞭望之事, 除出耗米, 參酌給料何如, 上曰, 依此擧行可也.

46 『숙종실록』권51, 숙종 38년 경술 3월 27일.
: 移鐵串鎭於注文島, 改號注文島僉使. 因京畿水使柳星樞之請也.

47 『영조실록』권38, 영조 10년 신축 5월 26일.
: 注文島僉使尹弼殷上疏, 論海防形便, 請以: 吉祥牧場馬, 分置於無衣, 龍流, 信島等牧場, 而吉祥沃土, 許民耕食, 甫音, 牙次島, 西撿島之民, 屬之注文鎭, 而以無衣, 龍流, 德積島之民, 屬之長峰, 使之從附近完聚, 幷力以應不時之變. 且注文入防水軍, 多在豐川, 長淵, 海州, 而此三邑所屬水軍, 則多在延安, 白川, 宜從附近相換應役.

48 『경기읍지』1, 注文鎭.
: 주문진은 인호(人戶) 180호, 남 420명, 여 377명이며, 토계(土係)는 사복시, 민관(民關)은 강화부, 진속(鎭屬)은 교동 방영, 물선(物膳)은 석화·민어·백하라 기록되어 있다. 사례대개는 조적 별비미(別備米) 수량, 사복시 환상(還上)의 각곡 액수, 전세(田稅)와 답세(畓稅) 액수, 전선 8척과 군기 내역, 양방전(糧防錢) 1700냥의 내역 등에 대해 적혀있다. 또한, 수군(水軍) 군병 166명은 본진에 있고 566명은 외읍에 있다고 기록되어 있다.

49 매일신보 1934년 6월 12일 기사〈江華注文島는 海水浴의 適地〉
:【江華】江華郡西島面 注文島는 舊時代에 水軍僉使鎭으로 周圍가 約 4里요 現在 三百餘戶가 包容되여 잇는 곳이다. 그런데 매양 交通이 不便한 것이 遺憾이던바 該處 住民의 熱望과 아울너 생기게 된 森信會社 汽船이 每日 往復이 되야 島嶼發展上 多大한 期待가 됨은 勿論이지마든 금번 해도에 장래 유망한 해수욕장이 발견되야 일반으로 매우 깃버하는 중이라 엇더한 구체적 계획안이 업지 안이할가하는터인데 해수욕장의 주위는 장이 30정이오 광이 20정 가량의 광대한 천사장으로 일망무제한 광해에 점점히 떠잇는 도서와 해안사장에는 해당화가 깔리어 절승한 곳이라 하다.

50 인천광역시 강화군, 앞의 글, 2019.

51 동아일보 1939년 11월 1일 기사〈江華重石鑛 埋藏量一千萬噸〉

52 동아일보 2012년 1월 28일 기사〈[O2/커버스토리] 공민학교의 어제와 오늘〉 http://www.donga.com/news/article/all/20120127/43606798/1 에서 참조.

53 『속수증보강도부지』, 제2장 지세, 제4절 도서, 甫乙音島.
: 一稱望島하니 島中에 多田土하고 舊時鄕校所在處라. 周約四里十町이오 東距阿此島約八町이니라.

54 김주홍, 「강화·김포의 봉수·요망대와 관방체계」, 『강화해양관방유적과 국내 유사유적비교』, 강화고려역사재단 제9차학술회의, 2016, pp.70~71.

55 『속수증보강도부지』, 봉수·요망대.

56 강화군·육군박물관, 앞의 책, 2000, pp.215~216.

57 경향신문 1964년 8월 6일 기사 〈돌아오지 않는 58雙 操業 열중했던 漁民 8百
13名도 颱風으로〉

58 동아일보 1964년 9월 15일 기사.
〈北傀抑留漁夫 2百19名 歸還 漁船 33雙에 실려 海州떠나 오늘밤 延平島到着
우리 警備艇護送 中〉

59 서도면지편찬위원회, 앞의 책, 2014, p.134.

60 정명웅, 「阿此島 太陽光 發展 시스템의 運營實態와 分析」, 전기저널, 1987,
pp.28~33.

61 서도면지편찬위원회, 앞의 책, 2014, p.137.

62 서도면지편찬위원회, 앞의 책, 2014, p.141.

63 동아일보 1972년 5월 5일 소풍갈돈으로 落島어린이 서울 招請.
동아일보 1966년 10월 6일 외딴섬 末島 어린이들 서울 求景.
경향신문 1976년 5월 13일 꿈에 그리던 서울에 말도분교생 15명.

64 『여지도서』, 강도부지, 江華, 坊里.
: 煮島在府西陸三十里水七十里合一百里周回十里距鷹音島三里放羊羔有漁探
編戶一十八男二十九口女二十四口.

65 경향신문 1989년 6월 24일 기사.
휴전선 1백55마일의 제1호 표지판이 세워져있는 끝섬(末島)이 본사 6·25 39
주년 특별취재팀에 의해 공개됐다. 京畿道 江華郡 西島面 末島里(북위 37.41
도, 동경 126.08도)에 위치한 이 표지판에는 「한강하구 미등록선박 출입금지 제
1호」란 글씨가 風雨에 시달려 녹슨 「X」자 철건조물을 머리에 이고 있다. 불과
5km바다건너 북한땅 延白평야가 한눈에 잡히는 표지판 옆에서 오늘도 병사
들은 「平壤축전」에 관심없이 24시간 「내가 조국을 지킨다」는 자부심을 갖고
경계에 임하고 있다. 이 표지판이 뽑히고 南北의 보통사람들이 자유로이 왕래
할 수 있는 날은 언제 올것인가.〈글: 金鍾斗 기자, 사진: 鄭楠泳기자〉

제2장 | 옛 기록에 보이는 서도면

01 이기훈, 「일제강점기 도서지역의 교통과 일상생활」, 『도서문화』 45, 2015, 160쪽.

02 강화군청 홈페이지 정보공개 매월인구통계 2020. 4. 참조.

03 『일성록』 정조 20년 4월 21일.

04 『일성록』 정조 23년 11월 28일.

05 『한국민족문화대백과사전』

06 서도면에 속한 섬뿐만 아니라 실제로 지리지에 기록되는 섬의 수 또한 증가한다.

07 『고려사』 권56 지10 지리1 양광도 강화현 연혁 "江華縣 …… 有仇音島 巴音島 今音北島 買仍島 屬縣三"

08 김노진, 『강화부지』 도서 "煤音島 在府治西南四十里 古稱仇音島"

09 이형상, 『강도지』 해도 "今音北島 今之席隅 在煤島中 水路四十六里"

10 『세종실록』 권148 지리지 경기 부평 도호부 강화 도호부 "동쪽 수로(水路) 2백 보(步)에 미법도(彌法島)가 있다. 【둘레가 15리이며, 옛날에는 매잉도(買仍島)라 하였다. 밭 7결이 있는데, 교동 수군 6호가 들어가 산다.】"

11 박종기, 「조선시기 관찬 지리지의 섬 인식과 변화」, 『한국학논총』 48, 2017, 128쪽

12 강봉룡, 「해양인식의 확대와 해양사」, 『역사학보』 200, 2008, 68쪽.

13 인천광역시립박물관, 『강화정밀지표조사보고서 Ⅱ - 삼산·서도면-』, 인천광역시립박물관 조사보고 제13집, 2005, 87쪽~92쪽.

14 『세종실록』 권148 지리지 경기 부평 도호부 강화 도호부 "又西水路七里有注文島, 【周回三十里】 又西水路三十餘里有巴音島, 【周回四十里. 有田百六結, 右道水軍營田喬桐水軍八戶入居. 傍有小島, 長五里, 廣二里, 有田單五結, 喬桐水軍四戶入居】 又西水路十五里有末島, 【周回十餘里, 有田三結, 喬桐人往來耕穫】"

15 강봉룡, 앞의 글, 72쪽.

16 『세종실록』 권26 세종 6년 11월 15일 병술.

17 『세종실록』 권55 세종 14년 1월 19일 기묘.

18 이기봉, 「朝鮮時代 全國地理志의 生産物 項目에 대한 檢討」, 『문화역사지리』 15, 2003, 2쪽.

19 『신증동국여지승람』 제12권 경기 강화도호부 산천 "注文島【在煤島西七里 有井浦營田 又有牧場】甫音島【在注文島西 周十七里 有左道水軍營田 又有牧場】末島【在府西五里 周四十三里】"

20 이홍두, 「조선 초기 마목장 설치 연구」, 『동북아역사논총』 55, 2017, 238쪽.

21 『성종실록』 권199 성종 18년 1월 26일 정묘.

22 『성종실록』 권201 성종 18년 3월 4일 갑진.

23 『성종실록』 권202 성종 18년 4월 25일 갑오.

24 『성종실록』 권208 성종 18년 10월 21일 정해.

25 『성종실록』 권238 성종 21년 3월 2일 갑인.

26 『성종실록』 권238 성종 21년 3월 27일 기묘.

27 박종기, 앞의 글, 140쪽.

28 이형상, 『강도지』, 해도 "注文島【在煤島西七里 水路七十五里 居民十戶 舊有井浦營屯田 今有牧場】甫音島【在注文西 水路八十里 周十七里 居民八十四戶 舊有左水營屯田 今牧本府羔羊】少島【今之阿次島 在甫音西三里 水路七十里 居民十二戶】末島【在少島西 周四十三里 水路九十里 居民十三戶 今牧本府羔羊】"

29 강봉룡, 앞의 글, 73쪽, "오늘날 몇몇 섬을 제외한 대부분의 서남해 섬의 주민들이 주로 농업에 종사하고 있고 어업에 종사하는 인구는 5%도 채 안된다."고 서술하고 있다.

30 물론 주문도, 볼음도에는 간이 상점인 농협 하나로 마트가 있긴 하지만 도시의 하나로 마트를 생각하면 안된다. 구멍가게 규모인데다 그마저도 일찍 닫는다. 낮에도 돌아다니는 사람이 별로 없는데 밤에는 더욱 사람이 없기 때문이다.

31 『한국민족문화대백과사전』

32 관아, 학교, 사원 따위의 유지를 위하여 마련한 토지. 신라 때의 승위전(僧位田), 고려시대의 섬학전, 조선시대의 공수전 따위가 있다. (문용식 역주, 『여지도서 강도

부지』, 인천대학교 인천학연구원, 2005, 9쪽, 각주 6 재인용)

33 1713년 숙종 39년.

34 『여지도서』 강도부지, 방리 "乭島【在府西陸三十里 水七十里 合一百里 周回
四十里 距乶音島三里 放羊羔 有漁採 編戶一十八 男二十九口 女二十四口】乶音
島【一云望島 在府西陸三十里 水七十里 合一百里 周回四十里 距阿此島四里 放
羊羔 有漁採 本府鄕校前在此島 今有遺址及位田 編戶一百四十三 男二百一十
口 女一百八十九口】阿此島【在府西陸三十里 水六十里 合九十里 周回四十里
距注文三里 有漁採 編戶九 男一十八口 女一十三口】注文島【在府西陸三十里
水六十里 合九十里 周回一十三里 距長峰二十五里 放牧馬 有漁採 癸巳置僉使
屬水營 編戶八十六 男二百八十口 女二百八十九口】"

35 서도면지편찬위원회, 『서도면지』, 2015, 119쪽.

36 『숙종실록』 권51 숙종 38년 3월 27일 경술 "移鐵串鎭於注文島 改號注文島僉使
因京畿水使柳星樞之請也"

37 『여지도서』 강도부지, 진보 "鐵串堡【在府北三十里 東距昇天十里 舊有僉使屬
水營 丙午啓移豐德置別將屬本府 己酉還設僉使 壬辰啓移注文島復置別將】"

38 『영조실록』 권90 영조 33년 8월 9일 무진.

39 변주승, 「『輿地圖書』의 성격과 道別 특성」, 『한국사학보』 25, 2006, 457쪽.

40 변주승, 앞의 글, 458쪽.

41 이민서의 시 해석은 『서하집』 2, 이민서 지음, 장성덕·전형윤·이주형 옮김,
2018, 254쪽 '아도' 인용.

42 이민서의 시 해석은 『서하집』 1, 이민서 지음, 황교은·유영봉·장성덕 옮김,
2018, 559쪽 '바다를 순시하다가 주문도에서 머물며' 인용.

43 김노진, 『강화부지』, 도서 "乶島【在府治西一百一十里 周一十里 戶二十二 口
七十六 土田三結九負一束 牧羔羊○置瞭望將一人軍一十名】乶音島【一名望島
在府治西一百里 周四十里 戶一百四十 口四百七十七 土田五十三結三十一負
一束 牧羔羊○置瞭望將一人軍一十名○本府鄕校舊在此 今有遺址及位田】阿
此島【一名牙島 在府治西九十里 周四十里 戶一十四 口四十七 土田二結六十七

負一束 ○留守李敏敍詩曰 輕颺拂拂送歸帆 隱几超然倚反酣 隔水看山迷遠近 回檣轉柁失東南 日西翔鳥且千百 煙際漁舟時兩三 賴有府中携手客 令人發興 得窮探】注文島【在府治西南九十里 周一十三里 肅宗癸巳置僉使屬統禦營 戶 一百四十九 口五百六十二 土田無 牧馬 ○留守李敏敍詩曰 捨舟尋小島 榛逕歷 高低 古井荒山下 茅차茨喬木西 畝深誇土美 地僻類巖棲 宿昔乘桴地 臨風意更 凄】"

44 『서하집』1, 이민서 지음, 황교은·유영봉·장성덕 옮김, 2018, 21쪽~36쪽 해제 를 참고하였다.

45 김노진, 『강화부지』, 명환.

46 『대동지지』 권3 교동 산천 도서 "注文島【在江華煤島西七里 周三十里 東距長峯 島水路二十五里 漁探甚盛】乶音島【麗史云 八音島 巴音島 周十五里 東距西檢 島注文島】末島【周十里 北距延安界 西距延平島三十里 東距乶音島五里】"

47 『한국민족문화대백과사전』.

48 이민서의 시 해석은 『서하집』2, 이민서 지음, 장성덕·전형윤·이주형 옮김, 2018, 256쪽 '망도로부터 배를 돌려 올 때 배 안에서 지어 경력에게 보여주다' 인용.

제3장 | 서도면 사람들, 그 믿음의 세계

01 '풍어굿'이라는 용어가 학술적으로 분명히 범주가 정의된 것은 아니다. 다만 현재 많은 지역에서 풍어굿이 열리고 있으므로 그러한 용어를 사용했다.

02 홍태한, 「서해안 풍어굿의 분포, 양상과 특징」, 『실천민속학연구』 30, 138~139쪽, 2017.

03 『서도면지』, 2015, 196쪽.

04 앞의 책, 110~141쪽.

05 앞의 책, 196쪽.

06 무당, 특히 여자 무당을 높여 이르는 말.

07 『서도면지』, 2015, 156쪽.

08 이상의 볼음도 은행나무(목신대감) 관련 이야기는 『서도면지』, 2015, 196~197쪽을 참조한 것이다.

09 『서도면지』, 2015, 155쪽.

10 『서도면지』, 2015, 235쪽.

11 앞의 책, 155쪽.

12 홍태한, 「서해안 풍어굿의 분포, 양상과 특징」, 『실천민속학연구』 30, 139쪽, 2017.

13 앞의 책, 170쪽.

14 기존 연구에 따르면 현재 인천광역시 지역에 전해지는 임경업 장군 관련 설화는 46편에 달한다고 한다. 이영수, 「인천지역 임경업 장군 설화 연구」, 『동양학』 68, 3~6쪽 참고.

15 이하 임경업의 생애에 대한 내용은 『인조실록』과 『한국민족문화대백과사전』(한국학중앙연구원) 등의 내용을 참고, 요약하여 작성한 것이다.

16 1644년 남한산성 수어사 심기원이 회은군 이덕인을 왕으로 추대하고자 모반을 꾀하다 발각된 사건.

17 『서도면지』, 2015, 234쪽.

18 『서도면지』, 2015, 235쪽.

19 『서도면지』, 2015, 235쪽.

20 앞의 책, 235~236쪽.

21 이하 주문도 기독교 전파 및 서도중앙교회 역사에 대한 서술은 이덕주, 「한국 기독교 문화유적을 찾아서-눈물의 섬 강화 이야기⑹」, 『기독교사상』 1997년 1월호, 대한기독교서회, 1997의 내용을 정리, 요약하여 서술하였다.

22 복음교회의 역사에 대한 내용은 『서도면지』, 2015, 218~219쪽의 내용을 참고할 것.

23 이덕주, 앞의 글, 266쪽.

24 고대 로마의 법정 건물에서 유래한 건축양식. 내부는 정방형으로 두 줄이나 네 줄의 열주(列柱)를 두어 중앙과 양측을 구분한다.

25 같은 글, 263쪽.

저자 소개

우석훈 인천시립박물관 학예연구사

홍인희 인천문화재단 인천문화유산센터 연구원

안홍민 인천문화재단 인천문화유산센터 연구원

서쪽 바다의 작은 섬 이야기
주문도·볼음도·아차도·말도

초판 1쇄 인쇄 2020년 9월 4일
초판 1쇄 발행 2020년 9월 14일

지은이 우석훈 홍인희 안홍민
펴낸이 최종숙
펴낸곳 글누림출판사

책임편집 이태곤 | **편집** 문선희 권분옥 임애정
디자인 안혜진 최선주 김주화 | **마케팅** 박태훈 안현진

주소 서울시 서초구 동광로46길 6-6(반포4동 577-25) 문창빌딩 2층(우06589)
전화 02-3409-2055(대표), 2058(영업), 2060(편집)
팩스 02-3409-2059 | **전자우편** nurim3888@hanmail.net
홈페이지 www.geulnurim.co.kr
블로그 blog.naver.com/geulnurim
북트레블러 post.naver.com/geulnurim
등록번호 제303-2005-000038호(2005.10.5)

정가는 뒤표지에 있습니다.
ISBN 978-89-6327-619-9 04080
        978-89-6327-545-1(세트)

*정가는 뒤표지에 있습니다.
*잘못된 책은 바꿔 드립니다.

이 도서의 국립중앙도서관 출판예정도서목록(CIP)은 서지정보유통지원시스템 홈페이지(http://seoji.nl.go.kr)와 국가자료종합목록 구축시스템(http://kolis-net.nl.go.kr)에서 이용하실 수 있습니다.
(CIP제어번호 : CIP2020032530)